Kahkashan Tabassum
S. V Sramakrishnamraju

Redes de comunicação sem fios de banda larga

Kahkashan Tabassum
S. V Sramakrishnamraju

Redes de comunicação sem fios de banda larga

ScienciaScripts

Imprint

Cover image: www.ingimage.com

This book is a translation from the original published under ISBN 978-3-659-59213-3.

Publisher:
Sciencia Scripts
is a trademark of
Dodo Books Indian Ocean Ltd. and OmniScriptum S.R.L publishing group

120 High Road, East Finchley, London, N2 9ED, United Kingdom
Str. Armeneasca 28/1, office 1, Chisinau MD-2012, Republic of Moldova, Europe
Printed at: see last page
ISBN: 978-620-8-06685-7

Índice:

Capítulo 1

INTRODUÇÃO

1.1 Tecnologia sem fios de banda larga

Nos últimos tempos, as redes sem fios de banda larga são as redes mais populares. Estas redes conduzem a novas direcções de investigação e, atualmente, há uma explosão de aplicações de redes sem fios e dos seus serviços. Muitas organizações de renome e de grande dimensão utilizam estas redes devido às suas vantagens promissoras, como a instalação simples e rápida, a mobilidade dos utilizadores, a flexibilidade, a escalabilidade e o baixo preço. Utilizando uma WLAN (Wireless Local Area Network), os utilizadores têm acesso a recursos independentemente da sua localização e área dentro da rede sem fios. Os projectistas de redes sem fios enfrentam ainda uma série de desafios no que respeita ao espetro sem fios e ao consumo de energia.

Este livro centra-se nas novas alternativas de desenvolvimento na área das redes sem fios de banda larga que criam soluções de acesso sem fios.

Algumas das tecnologias sem fios de banda larga importantes são apresentadas na figura abaixo, nomeadamente as redes de área pessoal também conhecidas por PAN, as redes de área local ou LAN, as redes de área metropolitana também designadas por MAN e as redes de área alargada designadas por WAN. Estes segmentos dependem de parâmetros como a força dos utilizadores e o espaço relativo entre vários pontos de acesso. Várias topologias LAN são ligadas em rede para conceber uma topologia MAN sem fios que cobre uma distância até 50 km. A secção posterior da figura 1.1 corresponde à WAN, concebida principalmente através da ligação em rede de várias MAN que cobrem uma área superior a 50 km. As redes de fibra ótica são as mais utilizadas para o modo de comunicação no âmbito das WAN [6], o que facilita a troca de tráfego em massa no interior das MAN. As redes concebidas até à data criam uma interconexão de elevada largura de banda que suporta um elevado desempenho e é conhecida como rede de base.

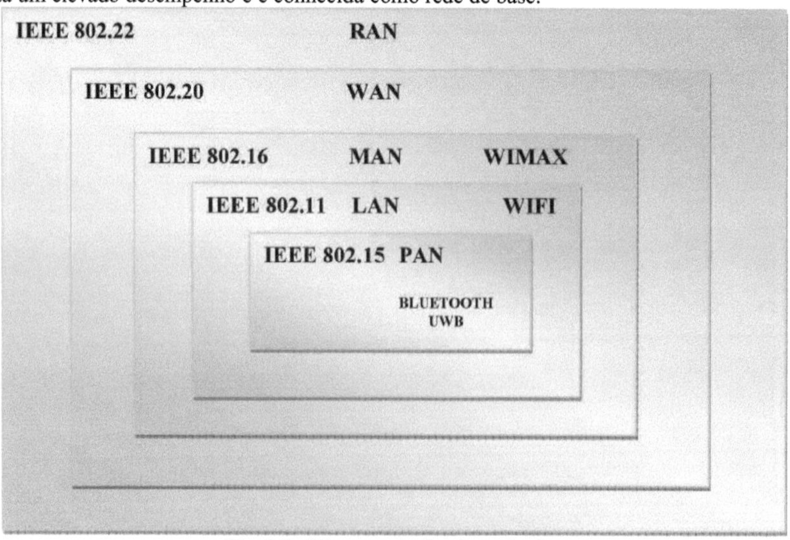

Fig. 1.1: Hierarquia das tecnologias

São disponibilizados diferentes tráfegos na rede WAN - apenas voz, voz, vídeo e dados e oferecem uma velocidade até 10 Gbps.

Vantagens das tecnologias de comunicação sem fios de banda larga

-Lucrativo

-Oferece taxas de dados elevadas.

-Encontrado nos modos fixo, nómada e móvel .

-Muito fácil de implementar devido à utilização da estrutura do sistema adaptativo
-Intercâmbio de dados com outros
-Considerado como um sistema de banda larga universal sem fios bem conhecido.

O IEEE definiu três tipos de WLAN - 802.11 b e g e 802.11a. O primeiro funciona na banda de frequência de 2,4 GHz e o segundo na banda de frequência de 5 GHz, que são partes livres de licença nas bandas ISM do espetro eletromagnético. Estas bandas são adequadas para aplicações científicas/industriais ou aplicações médicas. A WLAN 802.11 é um modo comum baseado em infra-estruturas em que as estações se interligam com redes sem fios e com fios através de um ponto de acesso, ao passo que no modo alternativo, denominado modo ad-hoc, as estações comunicam diretamente sem necessidade de um ponto de acesso. A utilização do ponto de acesso consiste em fazer a ponte entre o tráfego das estações sem fios através de uma pesquisa do endereço de destino na estrutura 802.11, como mostra a figura seguinte. *O* cabeçalho do *controlo de acesso ao meio* do 802.11 tem quatro tipos de endereços baseados nos bits de ponto de acesso ou de ponto de acesso no cabeçalho apresentado na figura. Os dois primeiros endereços correspondem ao recetor e ao transmissor.

LANs sem fios

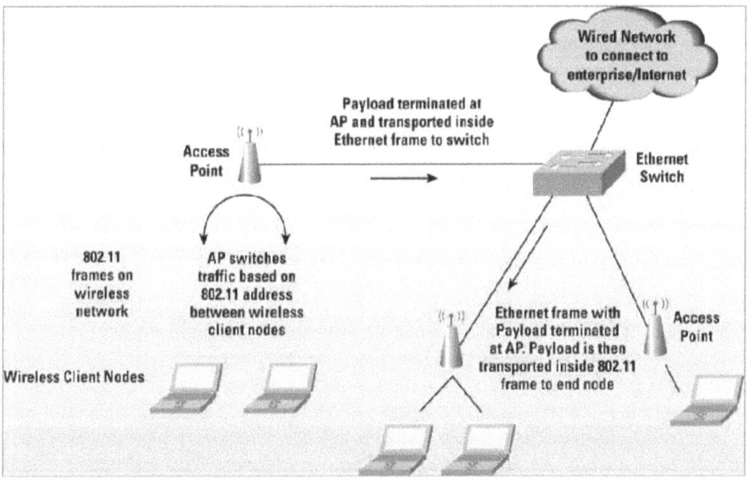

Fig. 1a. Ponto de acesso que faz a ponte de tráfego entre estações sem fios numa WLAN.

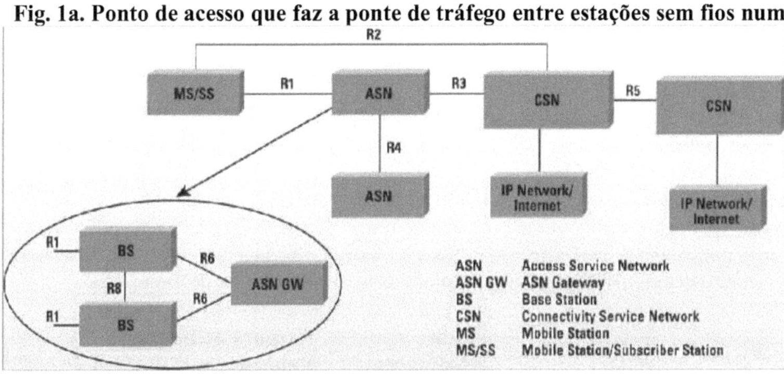

Figura 1b: Rede WLAN com conetividade Ethernet

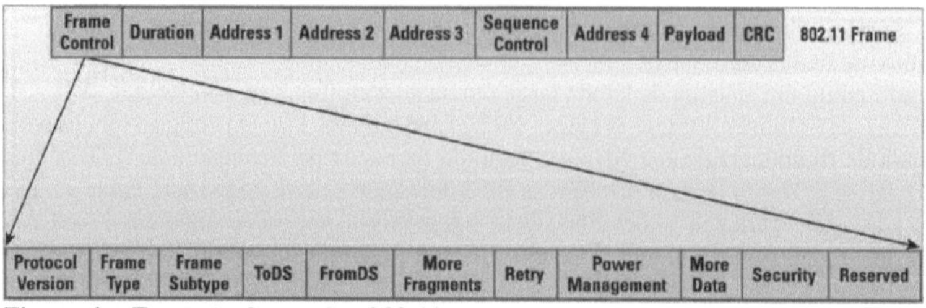

Figura 1c: Formato de quadro 802.11

1.2 Wi-Fi (Fidelidade sem fios)

1.2.1 Tecnologias Wi-Fi

A utilização do **WiFi Tri-band** oferece novas soluções sem fios. Com esta topologia de rede, a taxa de dados aumentou para 5 Gbps. O objetivo desta solução é ser utilizada nas empresas para aumentar a velocidade da rede sem fios, melhorar o acesso sem fios e aumentar a capacidade da rede, utilizando a norma IEEE802.11ad ou WiGig. O **recente LiFi sobre WiFi** utiliza o Light Fi (LiFi), que é muito rápido, e utiliza o método de ligar/desligar LED para transferir os dados necessários a uma velocidade elevada de 1 Gbits/seg (10 vezes mais do que a velocidade do WiFi). As novas tecnologias sem fios **Advanced Enterprise WiFi** para ambientes empresariais que poderão ser adoptadas num futuro próximo são a 802.11ad. Esta tecnologia assinala a próxima alteração do IEEE 802.11 e oferece vantagens como a expansão das pequenas e médias empresas baseadas na nuvem, a possibilidade de o utilizador utilizar credenciais sociais para iniciar sessão na rede WiFi, etc. O WiFi CERTIFIED TM AC (802.11ac) pode oferecer uma taxa de dados superior à da rede 802.11n, quase o dobro. Suporta a frequência de 5 GHz, múltiplas antenas MIMO (multiple input multiple output) e transmite para o ponto de acesso (AP) diretamente para um dispositivo e de volta para o AP. Um Wi- Fi CERTIFIED Passpoint TM é utilizado em locais públicos e, na sua versão mais recente, permite o registo em linha de dispositivos móveis sem SIM. Com a ajuda do roaming WiFi entre operadores, é possível obter muitos novos fluxos para os serviços existentes para os utilizadores finais. Prevê-se que as futuras velocidades WiFi, tal como indicado pela investigação global em 2017, sejam de 20,3 Mbps e que estas velocidades de ligação WiFi sejam geradas a partir de dispositivos de modo duplo.

A Fidelidade sem fios alterou drasticamente a tendência das tecnologias sem fios para clientes não autorizados numa vasta gama de aplicações e é uma das normas que permite aos clientes reduzir o preço. Também oferece uma flexibilidade limitada para as redes com fios quando comparada com o acesso sem fios à Internet. As redes em malha utilizam antenas direcionais para acesso fixo e fornecem cobertura de zona quente. As aplicações sem fios que utilizam WiFi enfrentam alguns desafios [24, 25, 26]:

Comunicação entre pontos de acesso sem fios não normalizados.

- Contribuir para a qualidade do serviço (QoS)
- Preço excessivo
- Assistência finita
- Soluções de acesso metropolitano sem fios

1.2.1. Implantação de acesso WiFi-Metro

Esta é uma certificação para o suporte de conetividade interoperável baseada no IEEE 802.11. Metro-Access-Deployment é uma alternativa para qualquer tipo de mudança periférica que possa ser fornecida ao padrão para utilizar hardware ou software. As radiofrequências são particularizadas utilizando o WiFi- metro-access-deployment apresentado abaixo sob a forma de uma tabela.

S. Não.	**WiFi**	**Frequência (GHz)**	**Rádio Modulação**	**Largura de banda Velocidades (Mbps)**

1.	802.11a	5	OFDM	54
2.	802.11b	2.4	DSSS	11
3.	802.11g	2.4	OFDM	54

QUADRO 1.1: Normas WiFi

O rádio 802.11a e o rádio 802.11b não podem trocar informações, o que significa que não podem comunicar um com o outro.

OFDM

A tecnologia de modulação de rádios utilizada pela opção MAD é a OFDM [7, 8], uma vez que sofre de menor obstrução e é altamente flexível. Por isso, é utilizada frequentemente. Depende da otimização da subportadora. A disposição dos dados é repetida, ou seja, cada sequência paralela de dados é modulada. A tecnologia OFDM é utilizada pelas normas 802.11a e g, uma vez que é flexível em comparação com a 802.11b, sendo suscetível ao fenómeno designado por interferência multipath. Considera-se que os aspectos acima mencionados melhoraram a norma 802.16 adoptada em 2004.

Protocolo de retenção de rede

O protocolo CSMA/CA (Carrier-Sense-Multiple-Access with collision-Avoidance) utiliza um protocolo de contenção de rede baseado na norma 802.16. As colisões encontradas durante a transmissão são evitadas quando o canal na rede é ouvido constante e simultaneamente, controlando assim o tráfego na rede. Para o efeito, emite uma mensagem antes de a transmissão de dados ocorrer na rede e informa os outros dispositivos para suspenderem a emissão em caso de colisão. A monitorização do tráfego é feita com a ajuda de pontos de acesso inteligentes, pelo que as complicações dentro de um nó confidencial são controladas. O protocolo de agendamento é utilizado pelo WiMAX, para aumentar a precisão; o arranjo da estação-base é feito. Talvez a junção dos utilizadores finais recentes diminua a capacidade da rede. Uma vantagem do 802.11g é o facto de oferecer uma taxa de transferência da ordem dos 30 Mbps para um indivíduo, que se reduz à medida que os clientes aumentam.

O destaque das normas 802.11 é o facto de aumentarem o âmbito da utilização de antenas direcionais. Nas redes mesh e nas WLA tradicionais, são utilizadas antenas omnidireccionais (ODAs). Estas propagam os sinais de radiofrequência de forma uniforme (uniforme) numa direção horizontal dentro da rede em todas as direcções para a transmissão em linha de vista. Os utilizadores das estações móveis podem receber estes sinais se estiverem presentes na área de cobertura. Uma antena direcional é unidirecional. Unidirecional significa que tem tendência para transmitir e receber raios de radiofrequência. A luz radiada produzida durante a transmissão assemelha-se à de um ponto de luz. Por outro lado, as antenas de alto ganho suportam a transmissão ponto-a-ponto entre edifícios e fornecem cobertura para longas distâncias dentro da área restrita.

Por vezes, o número de pontos de acesso necessários é minimizado por antenas direcionais. Por conseguinte, a utilização das antenas de elevado ganho das normas 802.11 aumenta a comunicação a longa distância à custa do aumento do consumo de energia.

1.2.2. Redes em malha WiFi (WMN)

Trata-se de redes sem fios que consistem num conjunto de nós 802.11a, 802.11b ou 802.11g inter-relacionados (interdependentes). Fornecem a base para um conjunto de redes locais e as LAN sem fios são uma extensão desta topologia. Uma WMN tem tendência para manter um trajeto vital dinâmico e configurações através da sua própria aprendizagem. Para atingir o objetivo acima referido, cria novos caminhos no seu percurso, trocando os dados com outros caminhos. Os fornecedores proprietários de WMN suportam implementações de backend baseadas em VoIP e QoS com uma cobertura melhorada de mais de 10 km em contraste com os 100 m oferecidos pela norma WiFi. No entanto, estas implementações têm uma escalabilidade definida e não são interoperáveis [9, 10]. As topologias WMN são ligeiramente mais avançadas através da autorização de 802.11s. A WMN tem uma arquitetura flexível que permite o movimento eficiente de dados entre os nós e é designada por rede "multi-hop". Os nós de uma WMN estão estabelecidos em toda a região da vizinhança. Os pequenos nós da rede WMN implantada funcionam como um simples router. Os nós de uma rede WMN enviam uma pequena mensagem ao seu vizinho e esta propaga-se por toda a rede até os dados atingirem o objetivo. Na WMN, com a ajuda de nós intermédios, os assinantes podem aproximar-se indiretamente das estações de base. Os nós podem ser alterados, adicionados ou suspensos de acordo com a sua posição, o que é previsto para diferentes arquitecturas. A auto-configuração da WMN é facilmente acessível, quando os dispositivos são móveis e sem fios na atividade futura. As vantagens da WMN são as seguintes 1. fornece um tráfego de balanceamento 2. é robusto 3. é resiliente 4. Funciona com baixos custos iniciais 5. Prontamente disponível 6. É móvel por natureza e 7. É espacialmente reutilizável.

Como as ligações de salto único estão sobrecarregadas de nós, a WMN não tem qualquer tipo de conflitos como os mencionados.

Vantagens das redes WiFi

- Estes produtos estão convenientemente disponíveis.
- Requerem um pequeno investimento inicial para a implantação.
- São flexíveis quando comparados com os seus homólogos com fios.

Deméritos

- Quando a base de assinantes é menor, a cobertura de uma região maior não é possível
- É utilizada uma largura de banda comum
- Aumento da latência
- Crescimento de produtos abertos

1.3. WiMAX (Interoperabilidade Mundial para Acesso por Micro-ondas)

Atualmente, a tecnologia mais popular e amplamente utilizada é a WiMAX, que é utilizada para o desenvolvimento de infra-estruturas, enquanto as ligações por cabo ou por DSL são muito difíceis. A norma WiMAX foi introduzida em 2004. O padrão de operações portáteis foi incorporado em 2006. O WiMAX oferece uma taxa de dados muito elevada. Para além disso, oferece um serviço de voz eficiente e um serviço de vídeo exigente. Por este motivo, está a atrair um grande número de clientes. Além disso, a tecnologia WiMAX permite uma conetividade fixa e portátil (ou nómada) aos utilizadores, fornecendo fornecedores de serviços Internet (ISP) interoperáveis que tornam desejável o acesso à banda larga sem fios através da utilização de tecnologias sem fios.

1.3.1. Metro-Access-Deployment (MAD) de um WIMAX

Uma tecnologia WiMAX significa produtos aprovados globalmente com a capacidade de interoperabilidade baseada na norma IEEE 802.16, com a disponibilidade de dois modelos de maquetas personalizadas. Em primeiro lugar, o modelo fixo e o modelo portátil são apresentados de seguida. As normas IEEE 802.16 de 2004 são designadas "fixas sem fios", porque uma antena montada no topo de um edifício, provavelmente uma antena parabólica, será montada para televisão por satélite. A norma fixa IEEE 802.16 para a Internet de banda larga oferece uma solução de classe portadora com as bandas de frequência de 2,5 GHz e 3,5 GHz. Estas bandas são geridas pelas normas IEEE 802.16 e são licenciadas em série. Fornecem suporte para xDSL, modem de cabo sem fios, Tx/Ex (transmissão/troca) e circuitos OC-x (nível de portadora ótica).

A alteração do IEEE 802.16-2004 é denominada 802.16e, que proporciona mobilidade aos seus clientes. Os utilizadores têm de incorporar os adaptadores desta versão para aceder/ligar diretamente o WiMAX.

O IEEE 802.16e baseia-se na norma OFDMA. Esta norma é idêntica à OFDM. Funciona através do isolamento das portadoras em várias subportadoras. As portadoras múltiplas são ainda classificadas em subcanais. Estes canais podem ser utilizados para a transmissão de dados num determinado intervalo e a parte dos subcanais disponíveis pode ser utilizada por qualquer número de clientes. O IEEE 802.16e melhora a transmissão de acesso fixo devido a interferência multipath, propagação de atrasos e robustez. Os factores como a propagação do atraso melhorarão a eficiência desde que exista uma linha de vista suficiente e direta entre o cliente e a estação de base. Os métodos de acesso, como TDD, TDD ou FDD, são utilizados através da resolução de bandas de frequência que serão utilizadas pelo WiMAX. Os sistemas integrados serão criados através da mistura de OFDM com WMA (Wireless metropolitan area networks). Em comparação com a norma 802.11, a norma IEEE 802.16-2004 é 1000 vezes superior, e a sua camada física pode suportar um atraso de 10 microssegundos. O sinal é dividido em 256 portadoras. As normas 802.11 utilizam o protocolo CSMA/CA juntamente com o protocolo da versão seguinte, denominado protocolo de acesso grant-request. Não são permitidas colisões de dados neste protocolo, pelo que podem utilizar a largura de banda atual de forma eficiente, pelo que não há perda de largura de banda se houver retransmissão de dados. Todo o processo está sob o controlo da estação de base. As caraterísticas da norma 802.16 são as seguintes

- melhor conetividade dos utilizadores
- elevada qualidade de serviço (QoS)
- Suporte completo de operações sem fios MAN e robustas.

Suporte de antena inteligente

O Wi-Fi e o WiMAX são suportados por antenas inteligentes, que são utilizadas para aumentar a densidade do espetro e a relação S/N (sinal-ruído). A norma 802.16 também suporta as antenas inteligentes. Para funcionarem eficazmente, as antenas devem estar separadas por meio comprimento de onda. O comprimento de onda é inversamente proporcional à frequência. O comprimento de onda para um sinal com uma portadora de 2,5 GHz e 5,8 GHz é idealmente de 0,13 m e 0,05 m, respetivamente. As antenas inteligentes estão separadas por uma distância mínima, de modo a que os sinais obtidos a partir de vários caminhos tenham um impacto diferente.

Antenas de diversidade simples (SDA) - os sinais são mais fortes em SDA quando as antenas estão mais desarticuladas. Antenas de orientação de feixe (BSA) - estas antenas são dispostas num padrão de matriz para produzir grandes ganhos. Quando não existem interferências, proporcionam um sinal melhor e uma melhor gestão do sinal. Antenas de formação de feixes (BFA) - a frequência nos sectores permite a reutilização da frequência quando as áreas nos sectores próximos da estação de base são divididas pela estação de base e pelas antenas. A BFA permite um máximo de 24 sectores.

1.4. encaminhamento e redes de transporte

A rede sem fios é uma rede que permite que os dispositivos comuniquem sem necessidade de qualquer cabo de rede diretamente ligado aos dispositivos, utilizando os protocolos padrão. As redes sem fios utilizam redes como uma rede móvel, uma rede Wi-Fi local ou uma rede terrestre de micro-ondas. As redes sem fios utilizam protocolos específicos para permitir a comunicação sem fios. Existem duas topologias diferentes de redes sem fios. As redes hub and spoke normais, que utilizam pontos de acesso sem fios ou routers sem fios que funcionam como gateway para ligar os nós às redes sem fios. Nesta configuração, os nós não fornecem quaisquer serviços de trânsito. Toda a comunicação dos nós é efectuada através do ponto de acesso sem fios. Os pontos de acesso e os nós comunicam através de vários protocolos, como o 802.11 b ou o 802.11g. A maioria dos pontos de acesso e nós suporta vários protocolos de comunicação. Isto permite que o nó comunique com vários pontos de acesso, cada um com um protocolo de comunicação diferente.

A topologia ad hoc é uma rede de muitos para muitos que não tem um hub central ou um ponto de acesso. Cada nó comunica diretamente com todos os outros nós da rede. Mas esta configuração não é muito popular devido à sua natureza homogénea.

1.4.1. Rede Ad-Hoc móvel *(MANET)*

MANET significa Mobile Ad-Hoc Network (rede móvel ad hoc). Trata-se de uma rede auto-configurável e descentralizada de nós/dispositivos móveis ligados sem fios que não necessitam de qualquer infraestrutura.

Seguem-se as principais caraterísticas de uma MANET.

a) A MANET não necessita de qualquer infraestrutura existente.
b) A topologia da rede muda regularmente à medida que novos dispositivos saem ou entram na rede,

o que resulta em actualizações contínuas do encaminhamento multichip.

c) Devido à topologia dinâmica, é difícil implementar medidas de segurança.

d) Cada nó tem de atuar como um router e encaminhar o tráfego não relacionado com ele.

e) Comunicar com baixa largura de banda e potência com ligações sem fios limitadas.

Segurança em MANET:

Devido à topologia dinâmica, é difícil implementar medidas de segurança fortes nas MANET. Há dois tipos de ataques de segurança - activos e passivos. Os ataques de segurança passivos, como a escuta do tráfego num canal sem fios aberto e outros ataques de escuta, são mais frequentes. Seguem-se os ataques activos, como a negação de serviço, a falsificação de IP, etc. Há outros ataques mais específicos relacionados com as redes ad-hoc que são causados por worms ou vírus. Que injectam falsas rotas de rede e encaminham o tráfego através de um canal não seguro?

Existem medidas para contrariar estes ataques, como o encaminhamento seguro através de chaves privadas ou a utilização de assinaturas digitais ou de relações de confiança prévias. Estas medidas não são muito eficazes, uma vez que requerem a definição prévia de políticas de segurança entre dois nós antes de começarem a comunicar, o que nem sempre é possível em cenários como a assistência a catástrofes ou a resposta a emergências.

1.4.2. Encaminhamento

É o processo de encaminhar o tráfego de dados de um nó para outro utilizando a rota mais eficiente. Nas redes ad-hoc, devido à evolução dinâmica das suas topologias, o encaminhamento tem sido sempre um problema. Foram sugeridos vários protocolos de encaminhamento, agrupados em três tipos.

a) Uma conceção plana ou hierárquica

b) Conceção proactiva ou reactiva

c) Protocolos híbridos

Na conceção de uma rede hierárquica, os nós são agrupados em duas camadas, em que a camada superior é vista como o mestre da camada inferior. Uma camada é um agrupamento de nós. Um nó do agrupamento é designado por gateway e tem a tarefa de comunicar com o gateway de outro agrupamento. Nesta arquitetura, há uma clara repartição de tarefas. Os nós de gateway são responsáveis pelo armazenamento da topologia da rede e a comunicação das mensagens é efectuada pelos nós do cluster.

Nesta arquitetura, os nós de ligação desempenham um papel importante. A arquitetura pode falhar se um único nó de gateway se perder e não tivermos um nó semelhante com as informações de rota para o substituir. Um bom exemplo desta arquitetura é o Zone-based Hierarchical Link State (ZHLS).

No caso das arquitecturas planas, seguem os protocolos de encaminhamento tradicionais e têm menos capacidade. Funcionam bem apenas em redes pequenas.

1.5. Protocolos de encaminhamento proactivos e reactivos

No *protocolo de encaminhamento proactivo*, cada nó reúne toda a informação de encaminhamento da rede na sua tabela de encaminhamento. Para o efeito, são programadas descargas periódicas de rotas para atualizar quaisquer alterações na topologia da rede. Os protocolos atualmente existentes, como o protocolo DSR (Distance Vetor Routing) e o protocolo Link State Routing (LSR), não são compatíveis com ambientes móveis.

O protocolo Destination Sequence Distance Vetor Routing (DSDV) foi desenvolvido para ultrapassar os problemas de contagem infinita e de repetição (looping) que se verificam no algoritmo de Bellman-Ford.

Seguem-se alguns protocolos de encaminhamento proactivo amplamente utilizados

a. GSR (Global State Routing).

b. HSR (Hierarchical State Routing).

c. DSDV (Destination Sequenced Distance Vetor Routing).

Protocolos de encaminhamento reactivos

O nó específico contém informações sobre as vias activas neste protocolo. Esta informação é armazenada numa tabela. Para efetuar a comunicação, é necessária uma nova pesquisa para ultrapassar a sobrecarga da comunicação à custa do atraso na pesquisa adequada da rota. A topologia

dinâmica da rede sem fios resultará na quebra da rota ativa e no reinício da procura da rota [6].
Seguem-se alguns protocolos de encaminhamento reativo amplamente utilizados:

a. AODV (Ad hoc On-demand Distance Vetor Routing).
b. DSR (Dynamic Source Routing).
c. LAR (Location Aided Routing).
d. TORA (Temporally Ordered Routing Algorithm).

Protocolo de encaminhamento híbrido:

O Zone Routing, um encaminhamento híbrido, utiliza as caraterísticas dos protocolos proactivos e reactivos.

Vantagens dos protocolos proactivos e dos protocolos reactivos:

- Os protocolos proactivos são muito eficientes, uma vez que são actualizados com as rotas mais recentes da rede.
- Os protocolos reactivos consomem muito menos largura de banda, uma vez que identificam as rotas a pedido, o que resulta em menos carga na rede.

Desvantagens dos protocolos proactivos e dos protocolos reactivos:

- Protocolos proactivos - Estes protocolos actualizam continuamente os nós com as rotas, o que resulta num consumo excessivo de largura de banda, o que torna este protocolo inadequado para redes de maior dimensão.
- Os protocolos reactivos identificam as rotas a pedido, pelo que haveria latência durante a transmissão para um destino que existe no caminho ativo do nó.

As redes adhoc utilizam amplamente este protocolo devido ao baixo consumo de largura de banda. Seguem-se alguns destes protocolos, que serão abordados em pormenor

1.5.1. AODV (Ad-hoc on demand Distance Vetor)

O AODV funciona como um protocolo personalizado baseado no protocolo de encaminhamento vetorial tradicional. Os nós iniciam a rota apenas a pedido. Se um determinado nó precisar de se ligar a outro nó, envia um pedido de ligação. Este pedido passa continuamente de um nó para outro até que haja informação de resposta do nó de destino sobre a rota. O nó de origem seleciona então uma rota específica a partir das respostas recebidas com o menor número de saltos através de outros nós. As entradas não utilizadas são recicladas regularmente.

As mensagens de comunicação são transmitidas entre os nós em intervalos de tempo regulares no caminho ativo. Se um dos nós não receber uma mensagem de resposta dos seus nós adjacentes, é enviada uma mensagem de erro de rota a todos os outros nós no caminho ativo e é selecionada a próxima rota de menor salto disponível. Não suporta rotas unidireccionais.

1.5.2. DSR (Encaminhamento de fonte dinâmica)

Inicia uma rota a pedido semelhante ao AODV, mas utiliza o encaminhamento da fonte para encontrar o nó de destino. Não envia pacotes periódicos para verificar os nós no caminho ativo como no AODV. O DSR suporta rotas unidireccionais. Contém dois mecanismos mencionados abaixo que ajudam a resolver a descoberta de rotas numa rede ad hoc.

a. Descoberta de rotas.
b. Manutenção do trajeto.

1.5.3. DYMO (Dynamic MANET On demand Routing Protocol)

Este protocolo funciona com topologias dinâmicas, resolvendo o caminho entre os nós através de unicast, e é utilizado em redes sem fios ad-hoc para nós móveis. À semelhança do protocolo DSR, o DYMO também tem dois modos que são enumerados a seguir a) descoberta de rotas b) gestão de rotas

Descoberta de rota: Este é o primeiro modo do protocolo em que o nó anfitrião envia o endereço do nó de destino através do pacote de pedido de rota. O nó anfitrião transmite o pacote ao vizinho seguinte e assim sucessivamente, sendo que cada vizinho adiciona a sua informação ao pacote de pedido de rota até encontrar o nó de destino. Uma vez encontrados os caminhos, o protocolo seleciona o caminho com o menor número de saltos.

Gestão de rotas: Se for encontrada uma interrupção numa rota, é considerada uma rota alternativa. Se não existir uma rota alternativa, o modo de descoberta de rota é utilizado para gerar uma nova rota. Este protocolo de encaminhamento pode ser tipicamente utilizado em grandes redes móveis em que apenas alguns nós comunicam entre si. ***OLSRv2 NIIGATA*** (Optimized Link State Routing, version 2 Routing Protocol) O OLSRv2 [8] mantém os mesmos algoritmos básicos do OLSR. No entanto, tem vários melhoramentos; por exemplo, o protocolo de base é modular e a arquitetura flexível permite extensões de segurança, que podem ser avançadas como complementos. O OLSRv2 é composto por três processos básicos: Processo de descoberta de vizinhança, processo de inundação de MPR e roteador de processo de anúncios de estado de link. No processo de descoberta de vizinhança, cada encaminhador encontra todos os outros encaminhadores diretamente ligados (encaminhadores adjacentes de 1 salto) e verifica o estabelecimento de comunicação bidirecional. No processo de inundação de MPR, cada encaminhador efectua transmissões efectivas em toda a rede. Cada encaminhador designa um subconjunto (conjunto MPR) de entre os vizinhos bidireccionais disponíveis para transmitir uma mensagem e retransmiti-la através do conjunto MPR. Esta mensagem é, por sua vez, recebida por todos os seus vizinhos disponíveis a apenas 2 lúpulos de distância. Os encaminhadores podem mesmo utilizar o processo de anúncio do estado da ligação para determinar a amostra da informação sobre o estado da ligação a transmitir ou anunciar através da rede. As ligações de publicidade são obrigatórias para todos os encaminhadores e encontram-se entre o próprio encaminhador e o conjunto MPR-seletor associado. Isto facilita a todos os encaminhadores presentes na rede o cálculo do caminho mais curto.

1.5.4. RIP (Protocolo de informação de encaminhamento)

Este protocolo é designado por protocolo de informação de encaminhamento. É um dos diferentes protocolos tradicionais desenvolvidos para o encaminhamento de dados na rede. Tem as suas raízes no protocolo de encaminhamento por vetor de distância e utiliza o método de contagem de saltos para encontrar a rota necessária. Mas tem uma limitação de um máximo de 15 saltos para uma rota. Por este motivo, não pode suportar redes de grandes dimensões. O horizonte dividido e a combinação de envenenamento de rotas são estratégias comuns utilizadas por este protocolo para evitar o encaminhamento incorreto de dados e a partilha incorrecta de dados na rede. Além disso, utiliza outro mecanismo, nomeadamente o método hold down, para encaminhar a informação sem problemas dentro da rede.

1.5.5. IERP (Protocolo de encaminhamento entre zonas)

Este é o protocolo de encaminhamento interzonal (IERP). É um protocolo de encaminhamento reativo. Funciona globalmente e é um componente do ZRP (Zone Routing Protocol). Este protocolo adapta-se às implementações dos protocolos reactivos atualmente disponíveis. Tirando assim partido da topologia existente em torno de cada nó. O Intra zone Routing Protocol (IARP) oferece uma vizinhança de R-hop (zona de encaminhamento) e, assim, as rotas da zona de encaminhamento são prontamente disponibilizadas. O IERP permite a supressão de consultas sobre a rota para destinos locais. Após a descoberta de uma rota global, é ativado o serviço de transmissão de fronteiras, que se baseia na zona de encaminhamento [2]. Este serviço pode efetivamente supervisionar ou orientar as consultas efectuadas sobre a rota de saída. Em vez de retransmitir as consultas sem saber entre um nó vizinho e outro, o IERP pode beneficiar da utilização automática das rotas zonais para tratar as ligações com falhas, redireccionando assim os dados.

Do mesmo modo, o tráfego é reencaminhado através de caminhos mais curtos dentro da rede quando se identifica uma secção subóptima das rotas. À medida que o raio de zona de uma rota aumenta, a sua manutenção também aumenta numa fundição de fronteira ou num ZRP. A consequência de um raio de encaminhamento maior é que o tráfego gerado por ele também exige a manutenção de uma zona de encaminhamento maior para a visualização mais recente. É necessário que, se uma rede tiver tráfego intenso com topologia dinâmica e menor procura de encaminhamento, favoreça zonas de encaminhamento comparativamente pequenas. Mas estas zonas de encaminhamento acabam por ser reduzidas a zero hops. A procura tradicional de rotas é degenerada pela descoberta de rotas. À medida que a procura de novas rotas aumenta, as zonas de encaminhamento maiores tornam-se mais adequadas.

1.5.6. FE (Fisheye State Routing **Protocol)**

É normalmente designado por Fisheye State Routing Protocol, que é um tipo de protocolo de encaminhamento hierárquico. É um protocolo de encaminhamento proactivo que se adequa bem ao ambiente sem fios adhoc. Baseia-se no LSP e pode fornecer informações de rota instantâneas. Para tal, cria um mapa da topologia em cada nó da rede. Esta informação é armazenada sob a forma de uma tabela conhecida como tabela de estado da ligação. A técnica FE foi criada por Klein Rock e Stevens e reduz o tamanho dos dados quando estes são representados em notação gráfica. Estes dados são captados com um elevado grau de pormenor, comparável à forma como o olho de um peixe capta os detalhes dos pixéis. Quanto mais próximo do ponto focal, maior é o pormenor captado e quanto mais afastado do ponto focal, os pormenores desaparecem lentamente. Este conceito é aplicado no encaminhamento olho-de-peixe para manter a distância e a informação sobre a qualidade do caminho com precisão. O mesmo é recebido pelo nó vizinho com menos pormenores à medida que a distância aumenta.

As principais caraterísticas deste protocolo são resumidas a seguir.

Um mapa da topologia da rede é mantido individualmente por cada nó. Este método minimiza a sobrecarga de controlo na técnica fisheye.

1.5.7. LANMAR (protocolo de encaminhamento de referência)

O LANMAR é um protocolo de encaminhamento por pontos de referência que funciona de forma semelhante ao protocolo de encaminhamento hierárquico por pontos de referência utilizado para efetuar operações em redes com fios. Existe um grupo de nós que estão logicamente relacionados e cada grupo lógico está sob o controlo de um nó de serviço que serve de ponto de referência. Utilizando a estratégia do vetor de distância, a rota de referência é anunciada/propagada na rede. O método de atualização no encaminhamento LANMAR é apresentado a seguir: Os vizinhos imediatos e todos os outros nós trocam periodicamente as informações sobre as suas topologias e estas são numeradas utilizando a estratégia de piggybacking. O LANMAR tem um melhor desempenho em comparação com o protocolo AODV.

1.5.8. LAR (Location-Aided Routing Protocol)

LAR significa Location-Aided Routing Protocol (protocolo de encaminhamento assistido por localização). Para minimizar a sobrecarga devida ao encaminhamento, utiliza a informação de uma localização numa rede ad-hoc. Para conhecer a localização física de um utilizador móvel, pode utilizar-se o GPS (Global Positioning System) e, se se obtiver a localização exacta do utilizador, o protocolo LAR pode funcionar facilmente.

Capítulo 2

REVISÃO DA LITERATURA

2.1. Modelos de implantação de WiMAX/WiFi

O WiMAX tornou-se um substituto eficaz da DSL com fios, do cabo e está a fornecer um serviço de banda larga desafiante, rapidamente implantável e também rentável. Os serviços fixos são oferecidos utilizando a conetividade de banda larga através da tecnologia OFDMA escalável. As redes WiMAX móveis são capazes de manter simultaneamente um tipo de modelos fixos ou portáteis, juntamente com caraterísticas de mobilidade, graças à utilização de OFDMA modulável.

O WiMAX está a ser implantado em muitas cidades e zonas residenciais densamente povoadas, a fim de oferecer Internet móvel e de banda larga. Vai haver também uma integração do WiMAX, que é rentável no que diz respeito aos componentes dos dispositivos de Internet móvel, smartphones, ipads, ibooks, computadores portáteis e outros dispositivos de Internet móvel de topo de gama, porque estes criam novas e muitas oportunidades adicionais para os fornecedores de serviços para muitos fins. Muitos utilizadores empresariais de base tecnológica necessitam de conetividade móvel, juntamente com uma categoria de consumidores interessados numa Internet móvel económica e de grande alcance para o WiFi doméstico. Algumas aplicações de vídeo e VoIP exigem serviços avançados de Internet de banda larga móvel para a produção de produtos de QoS e produtos de elevado débito. Muitas outras estão interessadas em vender dispositivos inovadores com uma enorme procura de serviços de Internet móvel com subsídios reduzidos para os dispositivos.

Anteriormente, os fornecedores de serviços estavam interessados na expansão dos serviços de rede de base WiFi e ofereceram uma variedade de modelos no mercado. Um exemplo disso é a zona aberta da BT (British-Telecom). Esta tinha muitas ofertas de planos de utilização, quer de curto prazo quer renováveis. O WiMAX e o WiFi são complementares e opostos um ao outro. Por conseguinte, o SP está a oferecer um produto recentemente acoplado para alargar as opções de implantação.

2.1.1. Banda larga em movimento

Esta conetividade de banda larga está para além dos hotspots WiFi. O WiMAX oferece aos seus subscritores a possibilidade de aumentarem os serviços de banda larga apenas especificando a cobertura do subscritor sempre que este não esteja dentro do alcance. Nos últimos dias, existe uma opção que consiste em integrar o WiMAX e o WiFi em dispositivos móveis para fornecer acesso de alta qualidade, permitindo assim que os SP ofereçam serviços claros de WiFi e WiMAX numa área metropolitana (mais vasta).

Existem grandes densidades de utilizadores da Internet nos aeroportos, hotéis e caminhos-de-ferro, o que revela uma elevada utilização do WiFi em toda a área metropolitana. Isto significa que existe uma grande procura de acesso à conetividade de banda larga em áreas maiores. Por conseguinte, a implantação do WiMAX em zonas urbanas, campus educativos ou corredores de viagem é necessária para alargar a conetividade de banda larga para além da WiFi e fornecer serviços de Internet móvel aos assinantes.

2.1.2. Banda larga de última milha

O WiMAX oferece um serviço de cablagem e rentável, de modo a expandir o serviço de banda larga em zonas mal servidas. Os operadores de linhas fixas podem utilizar o WIMAX para cobrir os ambientes rurais ou menos densos, onde a expansão da DSL e da cablagem por cabo é dispendiosa e proibitiva devido a várias restrições. O mesmo se aplica às zonas urbanas, onde é difícil utilizar as ligações por cabo nos edifícios de escritórios, nos apartamentos altamente construídos e noutros locais.

2.1.3. Banda larga para a cobertura do campus

Muitas organizações educativas e empresariais e gabinetes governamentais instalam WiFi nos seus edifícios para facilitar o trabalho dos seus estudantes ou funcionários. O WiMAX proporciona a uma SP uma conetividade de banda larga que vai para além destes edifícios individuais e que pode oferecer uma cobertura completa para todo o campus através da integração do WiMAX/WiFi numa plataforma comum de dispositivos, permitindo manter a ligação mesmo em movimento. Muitos modelos de negócio futuros são avançados e

Por conseguinte, é necessária a conetividade das redes WiMAX pertencentes aos SP com as redes WiFi privadas existentes nos edifícios. Este facto é evidente, dado o progresso drástico que está a ocorrer no mundo.

2.1.4. Banda larga em toda a cidade

As redes em malha IEEE 802.11 oferecem uma conetividade de banda larga económica em toda a cidade. Esta conetividade pode ser dispendiosa porque requer hotspots WiFi autónomos, ligações WiFi interligadas com fios, redes em malha e alimentação eléctrica de todos os pontos de acesso que cobrem uma vasta área de acesso, sendo mesmo os custos operacionais elevados. Por conseguinte, uma solução para este problema é o "backhaul" dos portais de rede WiFi para a Internet sem fios e utiliza o WiMAX como alternativa económica.

2.2. Cenários dos utilizadores da Internet de banda larga móvel

A utilização da Internet está a crescer e a criar um número cada vez maior de assinantes, o que também provoca um aumento da quantidade de tráfego e mesmo dos tipos de tráfego de novas aplicações, o que se tornou habitual hoje em dia. A conetividade das redes WiMAX e WiFi oferece possibilidades interessantes, que vão desde as aplicações de localização em tempo real para as redes sociais até à partilha de informações em tempo real para o ensino, mesmo fora da sala de aula. Prevê-se que estas novas possibilidades, combinadas com os actuais níveis de conforto dos utilizadores com as redes de banda larga e sem fios, reduzam os obstáculos à adoção da Internet de banda larga móvel pelos utilizadores.

2.2.1. Redes sociais em movimento

Muitos estudantes de todos os níveis de ensino estão a utilizar a Internet para aceder a palestras importantes, reservar bilhetes para um filme e fazer qualquer tipo de registo com a ajuda dos serviços Internet oferecidos pelo Google - Google Earth, Google-Map, Google-Translate e muitos outros.

2.2.2. Produtividade empresarial móvel

Devido ao tráfego intenso, muitas pessoas preferem utilizar as chamadas em conferência a caminho do seu local de trabalho, ou podem querer rever o seu correio eletrónico. Assim, hoje em dia, a Internet tornou-se popular para realizar muitas actividades comerciais.

2.2.3. Ensino alargado

Através da Internet e das aulas em linha, muitos estudantes estão a beneficiar de uma formação alargada, ligando-se a uma rede WiFi na sua área, uma vez que é possível descarregar muito material de estudo útil através da Internet. Há muitas instituições em todo o mundo que estão a oferecer formação contínua, como a Universidade Estatal da Califórnia e a Universidade de New-Jersy City, Sandiego University College, SAIT Polytechnic College (Alberta), Universidade de Stanford, Universidade de Oxford e muitas outras!

Capítulo 3

UM PROTOCOLO AODV MELHORADO PARA EVITAR O CONGESTIONAMENTO NUM AMBIENTE DE COMUNICAÇÕES SEM FIOS DE BANDA LARGA

3.1. Multicasting em redes sem fios

Nesta secção, a difusão múltipla em redes sem fios é explicada através de uma série de experiências, tal como se apresenta no livro anterior -An Effective Multicast Strategy for Wireless and Mobile Networks. Assume-se que os fluxos unicast dominantes na rede não afectam o fluxo dentro da rede. Alguns dos protocolos existentes (como o TCP/IP) facilitam o controlo do congestionamento durante a transmissão de dados quando se utiliza o uncasing, ao passo que o multicasting não dispõe de qualquer tipo de mecanismo de controlo do fluxo nas redes sem fios. Nesta proposta de investigação, é apresentado um novo esquema que efectua o controlo do fluxo. Este esquema efectua o controlo do congestionamento quando se utiliza o multicasting e baseia-se no conceito de multicasting em camadas e na prevenção do congestionamento durante o encaminhamento dos dados. Alguns dos protocolos de encaminhamento mais comuns para facilitar o multicasting numa rede sem fios são o Multicast-AODV Routing Protocol, o ODMRP (On demand, Distance Multicast Routing Protocol) e o ODMRP (On demand, Distance Multicast Routing Protocol). Não podem efetuar o controlo de congestionamento inerentemente protocolos. O esquema apresentado neste capítulo é um esquema localizado que pode efetuar o controlo de congestionamento em multicasting. Por outro lado, para suportar o multicasting, também mantém a equidade em termos de fluxo unicast na camada de rede1 dentro das redes sem fios. Cada nó recolhe a informação local entre os nós. Numa dada estratégia de multicast, o emissor de multicast encripta o sinal produzido por ele próprio nessa estratégia em várias camadas, em função das prioridades, e utiliza esse sinal para a transmissão. Cada camada transmite o sinal a um grupo multicast. Os subscritores do grupo multicast (os receptores multicast) podem obter pacotes do emissor multicast. Cada nó intermédio do sistema sem fios escuta a sua ligação sem fios ao mesmo tempo e, se a ligação estiver congestionada, o nó reduz automaticamente a taxa de fluxo de dados acumulados na ligação se a utilização da largura de banda for excessiva.

3.1.1. Apoio à operação de controlo dos congestionamentos

Para obter as informações sobre o fluxo, o passo mais importante no esquema dado é a recolha de informações sobre o tráfego que atravessa a sua ligação, a fim de permitir o funcionamento do controlo do congestionamento e obter as informações sobre o número de fluxos em relação ao TCP, o número de fluxos de dados multicast, o número total de cada camada de fluxo multicast, a média de multicast por fluxo e a taxa média de fluxo TCP. A identificação do fluxo TCP ou de um pacote específico de fluxo multicast é feita utilizando os endereços da fonte (ou emissor) e do sumidouro (ou recetor) juntamente com os números das portas. O número total de camadas na ligação é obtido observando o número de valores de endereços diferentes utilizados em multicast na ligação que utiliza os pacotes encontrados no fluxo. Os valores absolutos de avg por fluxo não são necessários para o esquema proposto. Em alternativa, as taxas médias de TCP por fluxo e de fluxos de multicasting são calculadas como se mostra a seguir. A soma total de pacotes TCP e a soma total de pacotes multicast que atravessam a ligação em determinados intervalos são acumuladas e depois separadas, tendo em conta o número de fluxos TCP ou o número de fluxos multicast. Os resultados obtidos mostram a taxa média por fluxo dos fluxos de dados TCP em relação aos fluxos multicast. Adicionalmente, à medida que se verifica a possibilidade de congestionamento num nó que constitua um estrangulamento, o processo de contagem é reiniciado. No esquema proposto, o fluxo de dados recebido do tráfego que atravessa uma ligação é a fonte da operação na ligação. O pressuposto do esquema proposto é que, na ligação, o número total de camadas dos fluxos multicast se reflecte na taxa de dados de outros fluxos multicast que atravessam a mesma ligação. Por conseguinte, na mesma ligação, o débito de dados de um fluxo multicast com mais camadas é mais elevado do que o de um fluxo com menos camadas.

3.1.2. Atribuição e atribuição de canais

Os fluxos de multicast não são mais do que as ligações entre o emissor e o recetor do multicast.

Estes transmitem pacotes de dados ao grupo correspondente. No esquema, o nó emissor cria camadas para o grupo multicast e, no momento da transmissão dos pacotes, a ligação sem fios é responsável por monitorizar regularmente a fila de saída em instantes de tempo específicos. Se o número total de pacotes exceder um limiar (valor mínimo assumido), a transmissão nessa camada é bloqueada. Posteriormente, a transmissão ocorre nas camadas restantes. Estas camadas também são monitorizadas e, em caso de congestionamento, o número médio de fluxos é restringido. Esta restrição é efectuada com base em determinados cálculos de cenários anteriores. O esquema discutido neste capítulo garante que uma nova camada seja criada antes que o recetor seja obrigado a esperar assim que um pedido for gerado. Alguns pontos importantes para a escolha de um canal (camada) quando ocorre multicasting:

(1) Cálculo do número total de canais disponíveis em cada ligação na tabela de encaminhamento configurada com base na largura de banda do canal

(2) Para selecionar a soma máxima de canais gerados.

(3) Repetir (1) e (2) em todos os nós.

Criar o cenário

Aqui criamos o cenário com base no esquema proposto. O esquema foi avaliado através da simulação do cenário com vários conjuntos de parâmetros. Os dados utilizados para cada conjunto são discutidos na secção de implementação. O cenário simula o uncasting e o multicasting com um único estrangulamento dentro da rede sem fios. O tratamento do congestionamento é local à rede. Não tem qualquer efeito se os nós forem nós colaboradores. A configuração utiliza um modelo de propagação chamado modelo de solo bidirecional. O tamanho da fila de espera da ligação EAODV é de 50 pacotes. Os nós estão separados por uma distância de 100 mtr. Separados numa área de 600 mtr X 600 mtr. Um estrangulamento sem fios partilhado é formado por um conjunto de 2 (dois) nós situados a uma distância igual a 100 m. As fontes e os sumidouros encontrados nos fluxos concorrentes num raio de 100 m, aleatoriamente, em torno de ambos os nós que partilham um estrangulamento comum. Mantém-se uma largura de banda de rádio de 1 Mbps para a passagem entre os estrangulamentos comuns presentes nos fluxos. Nas nossas simulações, há um máximo de 14 nós e 5 fluxos concorrentes, dos quais 2 são fluxos multicast e 3 são fluxos TCP. Cada fluxo multicast é preenchido com 15 camadas e o tamanho de cada camada é de 12 Kbps. É mais fácil trabalhar com fontes multicast CBR do que com fontes multicast VBR, uma vez que as fontes VBR incorporam a flutuação do tráfego nas ligações de uma rede. Por conseguinte, estas fontes constituem um desafio maior para as estratégias tradicionais de controlo do congestionamento em multicasting. Usamos um par de cenários para cada fonte de tráfego a fim de testar o nosso esquema. O primeiro cenário representa a configuração sem a mobilidade dos nós, enquanto o segundo tem mobilidade.

3.2 Implementação do protocolo EAODV

Os pormenores da implementação podem ser encontrados neste capítulo. Decidimos sobre os pormenores de codificação.

A. ***Criação de cenários***

Na secção seguinte, apresentamos o algoritmo para a criação de cenários para unicasting e multicasting.

Algoritmo:

1. Iniciar o Simulador.
2. Criar o primeiro fluxo TCP entre dois nós quaisquer.
3. Adicionar a aplicação de tráfego Constant Bit Rate (CBR1).
4. Iniciar o fluxo de dados1.
5. Criar outro fluxo TCP entre um conjunto diferente de nós.
6. Adicionar a aplicação de tráfego Constant Bit Rate (CBR2).
7. Iniciar o fluxo de dados2.
8. Criar o terceiro fluxo TCP entre dois nós quaisquer.
9. Adicionar a aplicação de tráfego Constant Bit Rate (CBR3)
10. Iniciar o fluxo de dados3.

B. ***Configurar o fluxo de tráfego unicast entre nós***

Algoritmo:

1. Criar o cenário.
2. Adicionar fluxos unicast entre nós.
3. Adicionar aplicações CBR

C. ***Cálculo do rendimento***

Para efetuar o cálculo do débito utilizando o cenário, é calculada uma expressão que combina o débito de três sessões de multicasting utilizadas no cenário. Pseudocódigo: Cálculo da taxa de transferência de fluxos multicast -

#Criar registo

#começar

#Declaração de variáveis para sumidouros - s1 s2 s3 s4 s5 s6

#Declaração de variáveis para os ficheiros f0, f1

#Criar uma instância do Simulador

D. ime A definição é de 1 milissegundo

E. Calcular o número de bytes de dados recebidos nos pontos de receção? # Declare as variáveis de largura de banda

F. e a hora actual1# o débito (em Kbytes/s) é calculado

G. reinicializa os bytes nos sumidouros da rede sem fios

#Reagendar o procedimento

#end.

Atribuição de canais

A soma dos canais é determinada e colocada na tabela de encaminhamento em cada ligação. O valor mais alto (HIGH_VALUE) entre a soma resultante obtida é selecionado em cada nó com a tabela de encaminhamento. O HIGH_VALUE é substituído em cada canal. Este HIGH_VALUE pode ser utilizado para determinar o melhor valor para o canal.

3.3 Experiências e resultados

3.3.1. Resultados utilizando fontes de multicasting CBR

A explicação dos resultados obtidos é apresentada nesta secção para fontes multicast CBR. Para testar o esquema proposto, utilizámos dois cenários. No primeiro cenário, os nós não têm mobilidade e, no segundo cenário, são utilizados fluxos 2-multicast e fluxos 3-TCP com movimento. O movimento é especificado como a existência de fluxos 2-multicast e fluxos 3-TCP com movimento dentro do cenário. O movimento é especificado como o ponto de passagem aleatório (um total de 5 fluxos são encontrados no cenário). Em static-CBR (sem movimento), a simulação começa no centésimo segundo e pára no centésimo quinto segundo. Existe um intervalo de tempo de estabelecimento para a rede sem fios entre o centésimo e o milésimo segundo. As figuras seguintes mostram o débito de dois fluxos multicast e a contagem de camadas para cada fluxo multicast, que pode ser utilizada para reduzir o congestionamento. As figuras mostram que os fluxos de multicast obteriam um débito de aproximadamente 5 Kbs. Para além deste ajustamento inicial, o número total de camadas para cada fluxo multicast é moderadamente estável, embora haja variações entre os fluxos multicast em alguns cenários. A variação nos fluxos multicast deve-se ao controlo do congestionamento no multicast em camadas devido ao ajustamento da taxa das camadas. A figura 3.1 ilustra que o nosso esquema tem melhor estabilidade em termos de número total de camadas e de débito em ambas as sessões de multicast. Assim, neste esquema proposto, o congestionamento é controlado de forma excelente. Da mesma forma, na figura 3.2, a simulação do CBR estático (sem movimento) começa no centésimo segundo, ou seja, todos os fluxos começam nesse instante e param no 1500º segundo. Existe um intervalo de tempo de estabelecimento para a rede sem fios entre o centésimo e o milésimo de segundo. A figura 3.2 mostra o débito de cada fluxo TCP individual, bem como o débito médio TCP por fluxo. Cada fluxo unicast apresenta um nível de débito próximo de 4-5 Kilobytes por segundo. Esta figura mostra que o nosso esquema tem uma melhor equidade no débito para todas as sessões TCP e é mais estável. O controlo do congestionamento é excelente. No esquema random-CBR, os nós são móveis, incluindo o nó de origem e o nó de destino no cenário. O simulador começa num instante do centésimo e, no 1500º segundo, pára. Entre o centésimo e o 1500º segundo, há um intervalo de tempo para o estabelecimento da rede sem fios. A Figura 3.3 ilustra o débito de dois fluxos multicast e o congestionamento. A figura ilustra que um par de fluxos multicast não contém camadas estáveis em maior grau devido ao movimento dos nós na rede, que é aleatório. Os nós apresentam mobilidade no interior da rede, existe uma qualidade de ligação e capacidades efectivas. A Fig. 3.4 mostra cada débito único e o fluxo TCP médio em vários níveis. No primeiro fluxo (TCP1), o fluxo apresenta uma variação do débito após um limite de 11 centésimos de segundo, mas é constante nos restantes. Esta situação deve-se à mobilidade dos nós dentro do simulador.

3.3.2. Resultados quando o tráfego VBR é utilizado em Fontes de Multicasting

Nesta secção, estudaremos o comportamento do nosso esquema com fontes multicast VBR (Variable Bit Rate). As fontes multicast VBR (Variable Bit Rate) são geradas distribuindo exponencialmente os tempos de explosão e de inatividade do tráfego VBR simulado. Para testar o nosso esquema, utilizámos dois cenários. No cenário, a mobilidade dos nós está ausente e, no cenário Kind, os nós são móveis. A configuração do cenário é semelhante à discutida no caso do CBR estático. Um total de 5 fluxos com 3 -TCP e um par de 2-MCTs são utilizados no cenário criado. No cenário VBR estático, não há movimento de nós. No 100º segundo de simulação todos os fluxos começam e no 1500º segundo param. Existe um intervalo de tempo de estabelecimento para a rede sem fios entre o 100º e o 1500º segundo.1 A figura 3.5 ilustra o facto de o débito dos fluxos 2-MCT e a redução do congestionamento. A partir destas figuras, é evidente que os fluxos multicast obtêm uma taxa de transferência próxima dos 5 Kbytes por segundo. Embora haja variação entre os fluxos multicast em alguns cenários. A Fig. 3.6 mostra a taxa de transferência em relação à taxa de transferência média TCP por fluxo de cada fluxo TCP único em vários níveis. Estas figuras mostram o facto de se obter um débito constante ao longo da simulação. Assim, o nosso esquema consegue uma estabilidade comparativamente melhor (elevada), bem como equidade nas sessões TCP no que respeita ao débito. O controlo do congestionamento oferecido também é melhor. Na configuração VBR aleatória, os nós são móveis, incluindo o nó de origem e o destino. A Figura 3. 7 mostra, no seu primeiro fluxo (MCT1), que a entrega dos pacotes começa no centésimo de segundo e que o débito é obtido num instante do oitavo centésimo de segundo, não havendo qualquer débito a partir daí até ao fim da simulação. Isto deve-se ao facto de os nós serem móveis e, por conseguinte, não poderem comunicar entre si para além de uma distância de cem metros. A figura 3.8 ilustra que os dois fluxos não contêm um número estável de camadas devido ao movimento aleatório dos nós da rede. medida que os nós se deslocam, a qualidade da ligação e as capacidades efectivas mudam. A Fig. 3.8 mostra que a taxa de transferência e a média de cada fluxo TCP único em vários níveis em todos os fluxos 3-TCP são constantes. medida que os nós se deslocam na rede, a qualidade da ligação e as capacidades efectivas mudam e, finalmente, o débito muda. O gráfico 1TCP_Avg mostra que o débito médio é calculado para TCP1, TCP2 e TCP3.

3.4 . Comparação entre o novo protocolo EAODV e o RLM

Esta secção apresenta uma descrição do protocolo RLM em relação aos protocolos propostos com o protocolo RLM (Receiver-driven Layered Multicast), que é um protocolo popular de controlo de congestionamento multicast. Trata-se de um protocolo multicamadas para multicast.

Os resultados após a comparação entre os dois protocolos são apresentados nas Figuras (3.9, 3.10, 3.11 e 3.12). Com base nas figuras apresentadas, concluímos que o nosso esquema é melhor do que o existente. Apresentámos o protocolo EAODV para dar suporte ao multicasting em ambiente de rede sem fios e garantir a partilha da largura de banda da ligação pelo fluxo unicast. De entre todos os protocolos de encaminhamento multicast (como o MAODV e o ODMRP) em redes sem fios, a informação de encaminhamento é estabelecida nos nós apenas por protocolos de encaminhamento Unicast.

Este capítulo apresenta uma descrição da versão multicast da estratégia de controlo de congestionamento que identifica dinamicamente o congestionamento de pacotes na rede sem fios. O objetivo do estudo é alargar este modelo a estruturas multicast com controlo de congestionamento. Considere-se uma sessão multicast em que os encaminhadores são obrigados a manter os estados. Isto significa que os encaminhadores estão mais ocupados (congestionados), actuando como um agente. O papel de um agente é enviar um feedback para os nós de destino com a ajuda de um bit18ECN [5]. Neste cenário, a capacidade pode ser calculada aplicando os algoritmos de gestão de filas de espera ou qualquer outra estratégia adicional. Pode não ser proporcional ao RTT e à raiz quadrada da taxa de perda. O nosso esquema utiliza o algoritmo AIMD porque é seguro para ser utilizado na rede. Além disso, por questões de equidade, selecionámos o fator de subida e descida do algoritmo AIMD, que é semelhante ao do TCP. A janela de congestionamento do TCP, se reduzida ao tamanho de um segmento, acaba por ser muito conservadora. Este facto pode provocar uma degradação e um mau desempenho durante a prevenção do congestionamento do TCP. Sempre que é introduzido um novo protocolo, este tem de estar em conformidade com a conceção discutida até à data, para que exista equidade. O protocolo multicast pode ser implementado com uma classe separada de controlo do fluxo na conceção da rede de serviços distintos. Este protocolo incorpora uma gama de fluxo mais pequena e adaptável, diminuindo o fator para valores pequenos, de modo a obter não só uma taxa de adaptação mais suave mas também mais saudável, juntamente com uma melhor utilização da ligação.

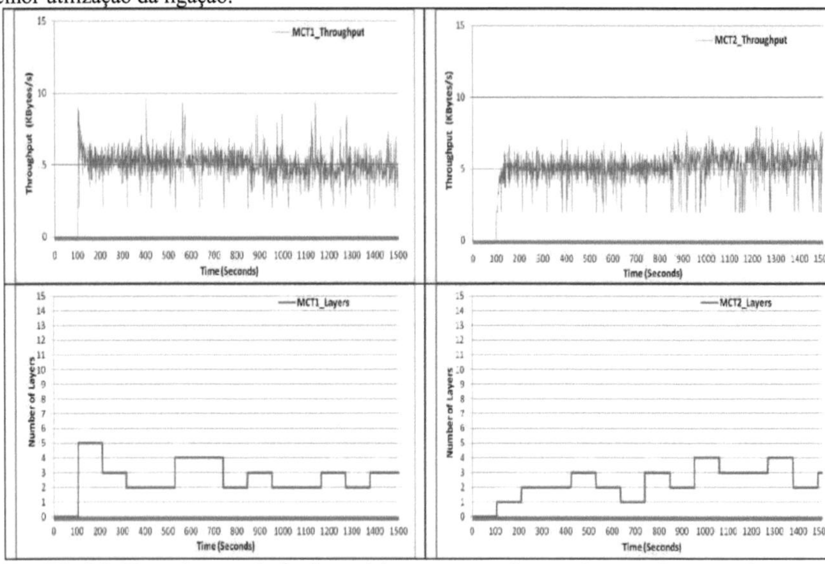

Fig 3.1: Taxa de transferência multicast versus número de camadas em relação ao CBR (estático).

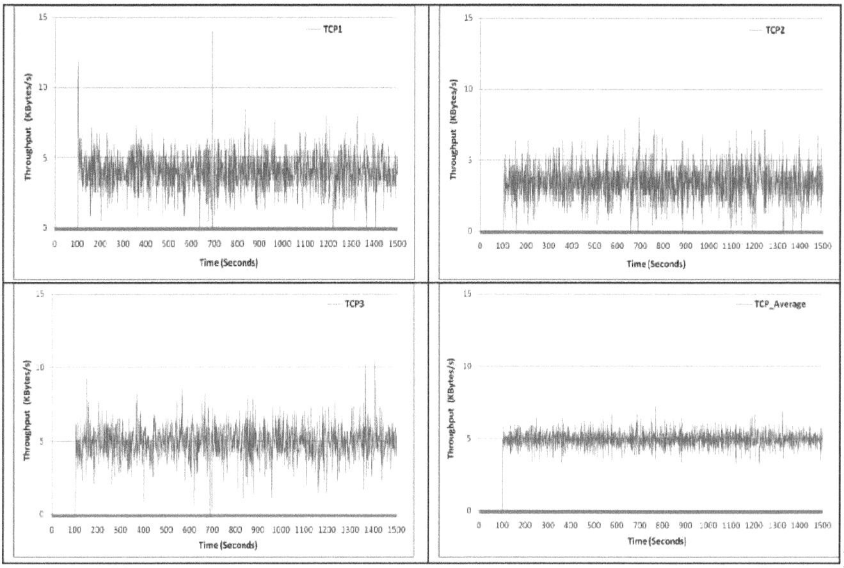

Fig. 3.2: Taxa de transferência TCP versus média por fluxo em relação ao CBR (estático)

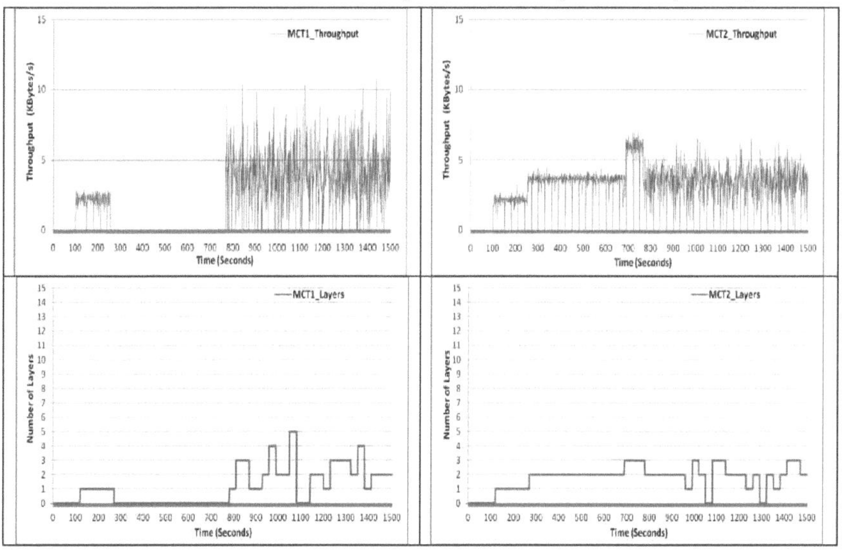

Fig 3.3: Taxa de transferência multicast em função do número de camadas com CBR (aleatório)

Cenário - Movimento aleatório de nós

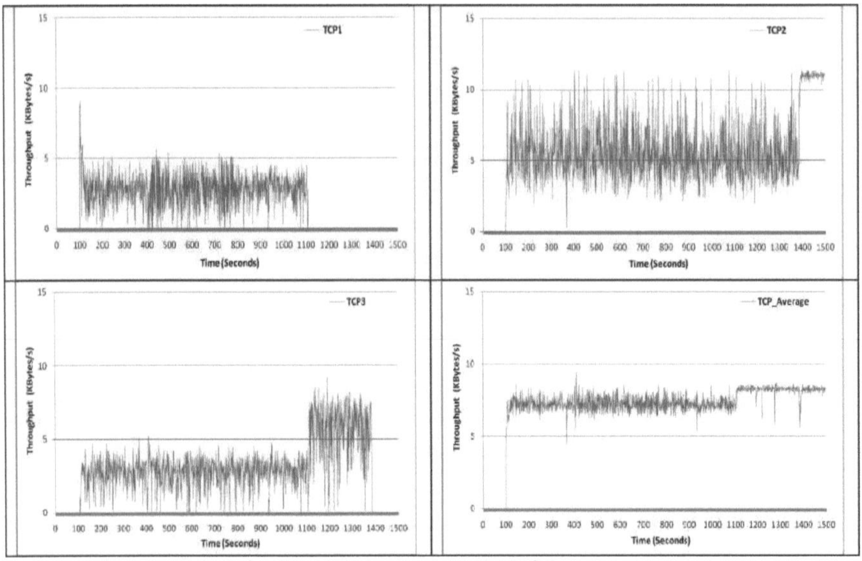

Fig 3.4: Taxa de transferência TCP Vs taxa de transferência TCP média por fluxo com CBR (aleatório).

Cenário de rede estática

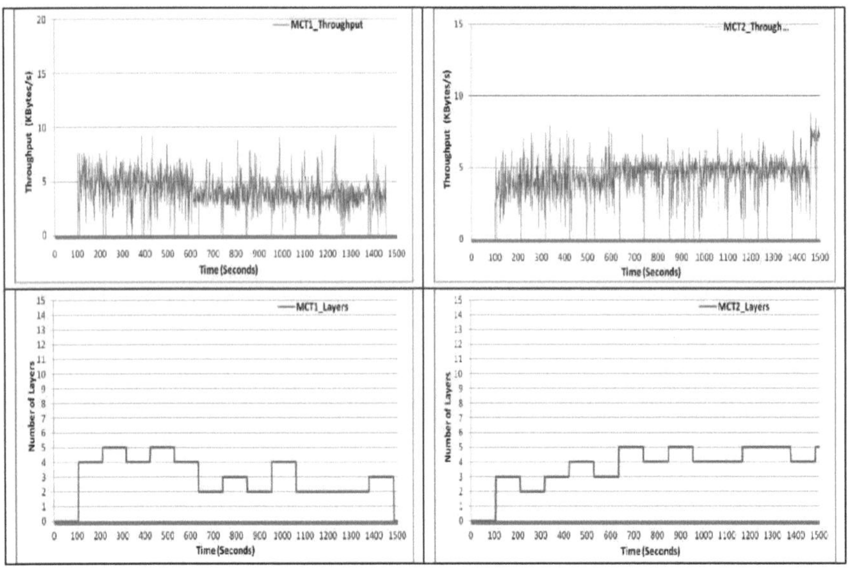

Fig 3.5: Taxa de transferência multicast em função do número de camadas com VBR (estático).

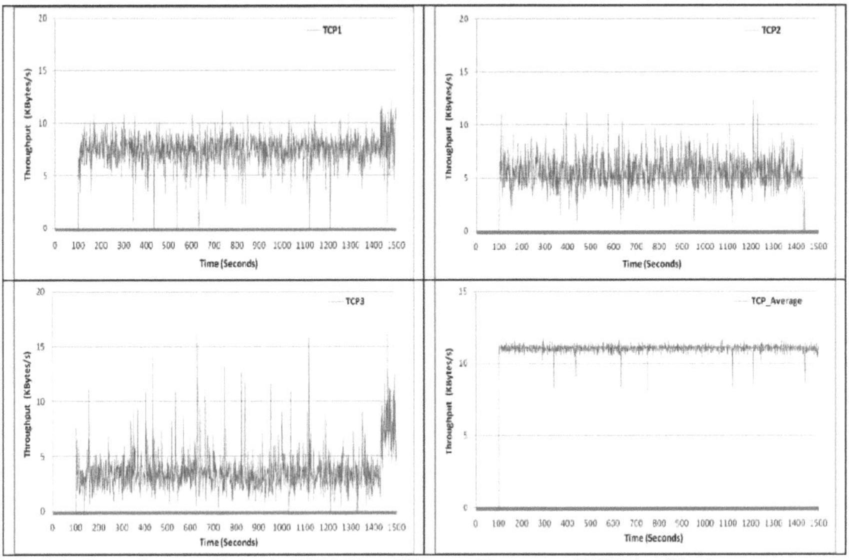

Fig 3.6: Taxa de transferência TCP Vs média por fluxo com VBR (estático).

Cenário de movimento aleatório de nós

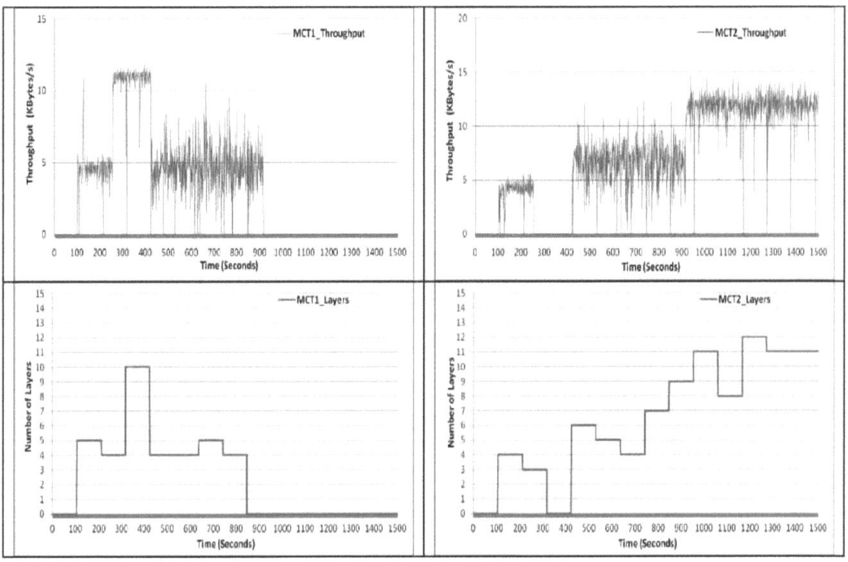

Fig 3.7: Taxa de transferência multicast em função do número de camadas com VBR (aleatório).

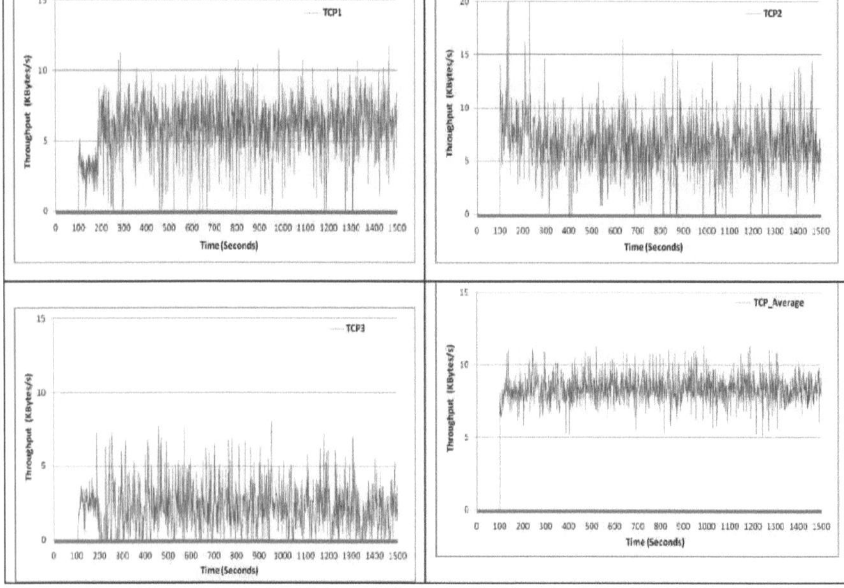

Fig 3.8: Taxa de transferência TCP versus média por fluxo com VBR (aleatório).

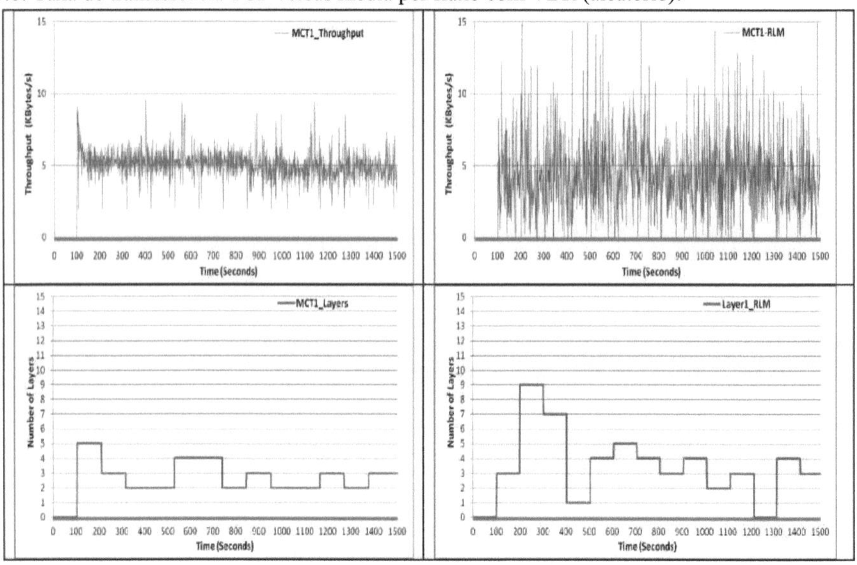

Fig 3.9: Comparação entre o EAODV e o RLM - débito do fluxo multicast Vs Número de camadas (MCT Session-1)

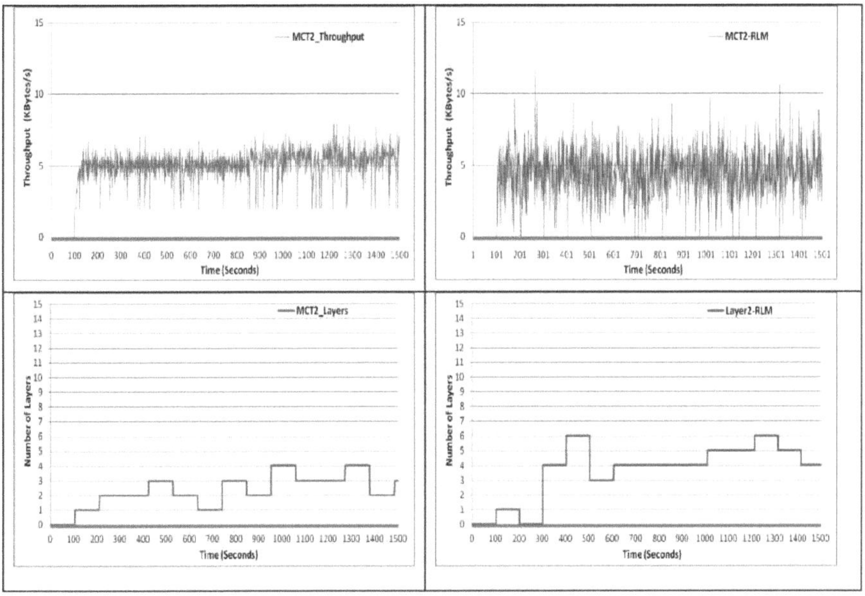

Fig. 3.10: Comparação entre o EAODV e o RLM - débito do fluxo multicast em função do número de camadas (MCT Session-2)

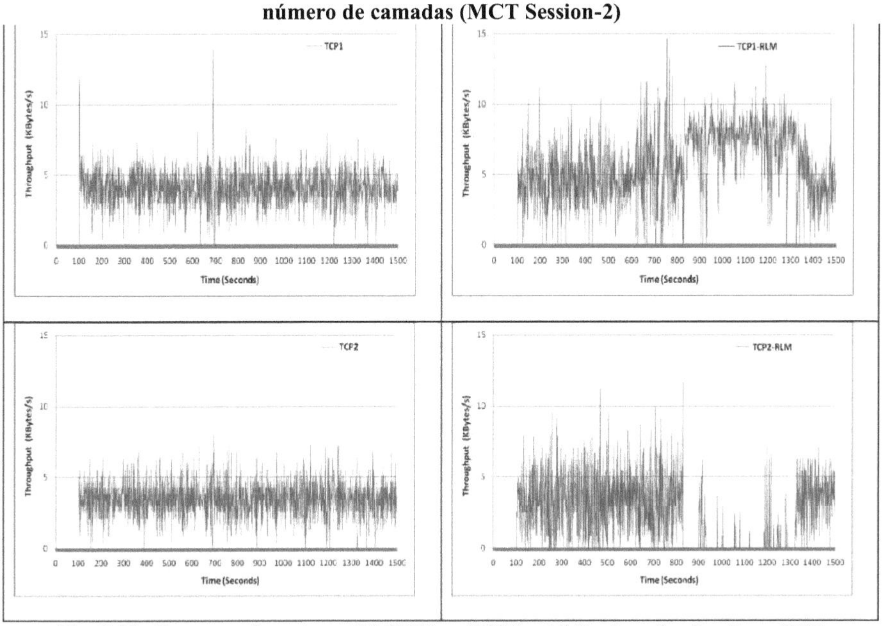

Fig. 3.11: Comparação entre o EAODV e o RLM - débito do primeiro fluxo TCP Vs média por fluxo

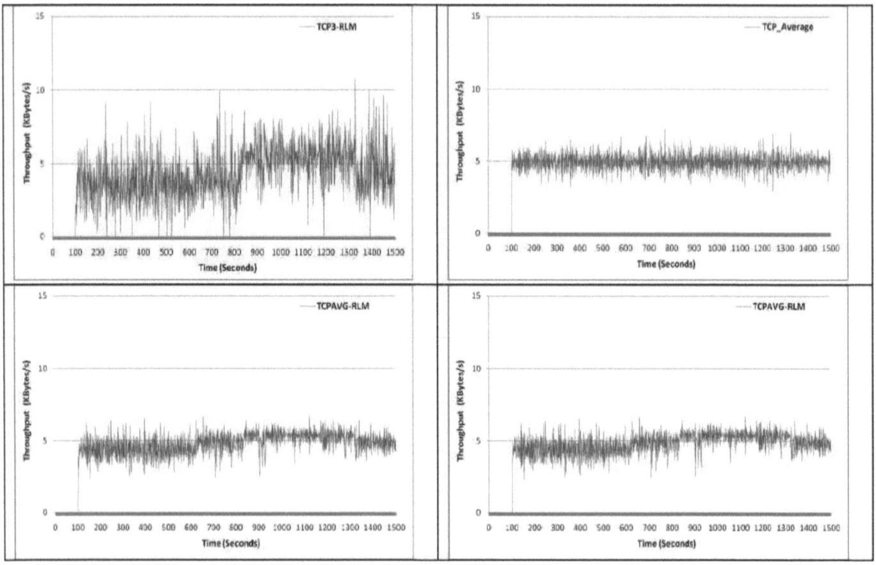

Fig. 3.12: Comparação entre o EAODV e o RLM - taxa de transferência do segundo e terceiro fluxo TCP e média por fluxo.

Capítulo 4

REDE HÍBRIDA INTEGRADA ESCALÁVEL DE WIFI/WIMAX

4.1 . Geral

WiFi (Wireless Fidelity) é uma rede rápida de comunicação de dados sem fios. É famosa entre os operadores de redes públicas/privadas e os fornecedores de serviços de Internet sem fios (WISP) existentes em todo o mundo. Um hotspot é um local público que fornece serviço WiFi numa área. Proporcionam conetividade sem fios à Internet a todos os tipos de utilizadores, como pessoas de negócios que transportam um computador portátil (ou um PDA). Consiste em protocolos de rede sem fios fornecidos pelo IEEE (Instituto de Engenheiros Eléctricos e Electrónicos), que apresentam as várias especificações da tecnologia de rádio e os diferentes mecanismos necessários para construir uma WLAN (Wireless LAN). O WiMAX pode funcionar com a rede sem fios MAN, referida como rede fixa de última milha e rede de acesso sem fios de banda larga. O desenvolvimento do WiMAX continua a ser uma preocupação das normas 802.16 WiMAX para a conetividade da rede. Recentemente, a indústria de software recebeu um conjunto de especificações com a ajuda de um fórum WiMAX utilizado para certificar a norma. O fórum garante que os dispositivos e produtos estão em conformidade e são interoperáveis com a norma. Devido às grandes mudanças registadas durante a última década no mundo das comunicações, assistiu-se a grandes melhorias e convergências tecnológicas - as melhorias são testemunhadas em todo o mundo, desde o acesso com fios até ao acesso sem fios, do analógico ao digital, passando pela comunicação em banda estreita até à comunicação em banda larga, em termos de mecanismo de transmissão de dados, desde os mecanismos de comutação de circuitos até aos mecanismos de comutação de pacotes e, finalmente, desde a tecnologia simples até uma tecnologia convergente. Para além disso, as diferentes inovações tecnológicas e informáticas - a portabilidade numérica - atraíram um grande número de consumidores. Surgiram no mercado muitos softwares que oferecem caraterísticas extraordinárias de digitalização, mobilidade e computadores portáteis de topo de gama, IPOD, i-PAD, i-Book, PDAs, câmaras digitais, câmaras de vídeo e telemóveis. Estes aparelhos alteraram o estilo de vida de um homem comum para um homem de negócios. Isto provocou mesmo uma mudança drástica no domínio da publicidade, dos negócios e do marketing.

4.2 Fundamentos de Wi-Fi

O IEEE - sete camadas Open-System-Interconnect (OSI) é apresentado no quadro 4.1.

Aplicação (Layer-7)	É responsável pelo tratamento das aplicações -FTP, EMAIL, WWW e muitas outras.
Apresentação (Camada 6)	Responsável pela transformação dos dados no tipo de dados que a camada de aplicação pode compreender.

Sessão (Camada 5)	É responsável pela criação, realização e interrupção de ligações entre as aplicações.
Transporte (Camada 4)	Efectua o estabelecimento da ligação e a entrega do controlo aos anfitriões.
Rede (camada 3)	Fornece encaminhamento e controlo de congestionamento na rede.
Ligação de dados (Camada 2)	Garante a transferência consistente de quadros de dados numa ligação. Tem duas subcamadas - MAC (Controlo de Acesso ao Meio), LLC (Controlo de Ligação Lógica).
Físico (Camada 1)	É responsável pela transmissão de sinais de rádio a nível elétrico e mecânico, enviando e recebendo os dados com a ajuda de meios de comunicação.

Tabela 4.1: Modelo de referência OSI 802.11

A atividade Wi-Fi é visível na camada de ligação de dados (L2) e na camada física (L1) do modelo OSI. A sua atividade não é mais do que uma sobreposição da conceção original da LAN.

Tabela 4.2 - fornece informações sobre o 802.11, camada física e camada de ligação de dados.

Designação	*Descrição*	*Gama Interior*	*Gama exterior*	*Frequência*

802.11a	54Mbps	100 pés	150 pés	Banda de 5Ghz
802.11b	11Mbps	160 pés	300-500 pés	Banda 2.4G11Z
802.11c	Mac Bridging			
802.Id	Roaming internacional			
802.11e	Qualidade do serviço			
802.Ilf	Protocolo AP			
802.11g	54Mbps	150 pés	300 pés	Banda 2.4G11Z
802.Hi	Segurança			
802.11m	Apoio à gestão			
802.11П	100++Mbps			2.4G11Z
802.11s	Rede em malha			

Tabela 4.2: Normas IEEE 802.11

Outras organizações responsáveis pelas normas, tais como "A IETF é uma organização que está a enquadrar um conjunto de recomendações para optimizações na mobilidade das TI. A IETF é designada por Internet Engineering Task Force. Está também a otimizar as extensões do protocolo de autenticação e várias outras funcionalidades WIFI. Outra unidade que está a fornecer recomendações a redigir é a UIT, normalmente designada por União Internacional das Telecomunicações. Atualmente, está a trabalhar com as duas organizações acima mencionadas, ou seja, IEEE e IETF.

4.2. Blocos de construção WiFi

A figura 4.1 seguinte representa um mapeamento dos blocos de construção WiFi para os requisitos da norma IEEE 802.11. Neste capítulo, são apresentadas brevemente as caraterísticas do WiFi e outras opções.

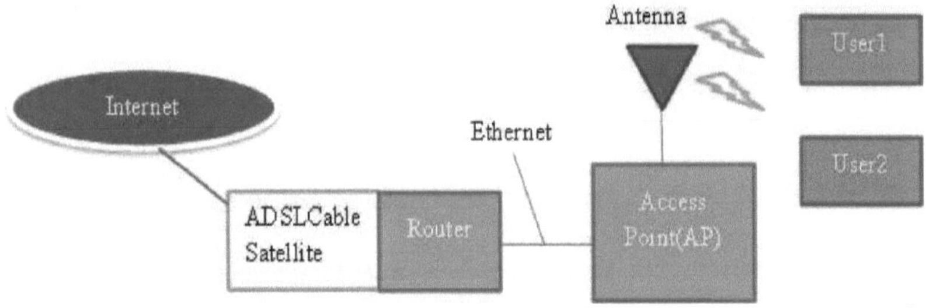

Fig 4.1: Blocos de construção operacionais WiFi (PCMCI- Cartão de memória)

A antena, o router, o ponto de acesso (PA) e o acesso à Internet são os elementos operacionais da rede WiFi. A função de uma antena é misturar o ar com a energia (radiofrequência). O sinal de RF chega à antena através do ponto de acesso. O ponto de acesso desempenha as funções de um transmissor, como encaminhar os sinais de rádio através do meio de ar. A antena presente no WIFI é responsável por captar os sinais de um dispositivo de utilizador com a ajuda de um NIC (NetworkInterface-Card) e enviá-los para o recetor do ponto de acesso. O AP é utilizado para desempenhar a função de transcetor. É utilizado para ligar a redes, quer se trate de uma LAN com ou sem fios, constituída por muitos dispositivos de utilizador. O AP funciona nas camadas físicas de rádio 802.11a, b e g. Oferece um nível de segurança equivalente a estas normas e oferece uma QoS (qualidade de serviço) de aceitável a elevada. O AP tem enormes capacidades que o tornam adaptável a uma vasta gama de aplicações, como um AP de grande dimensão que pode ajudar a fornecer serviços às redes implantadas em empresas, enquanto um AP de pequena dimensão pode ser utilizado numa rede com aplicações que requerem menos serviços. Atualmente, os AP têm antenas incorporadas, de preferência adequadas a aplicações específicas da rede.

Um router é um dispositivo muito útil com circuitos especializados que desempenha a função de mover pacotes de dados de uma rede específica para uma rede final. Um router encaminha os pacotes de dados com a ajuda de tabelas de encaminhamento que são formadas através da utilização de vários protocolos de encaminhamento. Estes têm a capacidade de ler qualquer endereço de rede encontrado no quadro em trânsito e podem enviá-lo pelo caminho mais eficiente dentro da rede. Os parâmetros de decisão baseiam-se na carga da rede (tráfego), no custo necessário para transmitir os dados, na velocidade com que a transmissão ocorre, em falhas devidas a problemas no hub, etc. Os routers podem ser comerciais que dependem de aplicações específicas ou outros tipos de routers são feitos com um switch (com várias portas) com o qual se pode ligar a vários

APs para aumentar a capacidade do sistema. Contêm dois elementos importantes. O primeiro é

NAT e a segunda é DHCP. NAT significa Network Address Translation (Tradução de endereços de rede), enquanto

O DHCP é um protocolo referido como Dynamic Host Control Protocol (protocolo de controlo dinâmico de anfitriões) que cria um endereço IP individual para cada utilizador WiFi numa base partilhada dentro do endereço IP atribuído por um ISP ou fornecedor de serviços Internet. Este IP é um IP original. O router encontra-se ligado ao AP com a ajuda da Ethernet e o PoE (Power over Ethernet) é uma questão de consideração para fornecer eletricidade aos AP, poupando assim o custo das tomadas eléctricas que facilitam o fator de potência nos AP.

Para aceder à Internet, o router tem de se ligar a ela. O elo de ligação pode ser qualquer um dos seguintes: -

a) Ligação de conexão T1
b) Modem por cabo
c) A-DSL e

d) Também pode ser uma ligação por satélite.

4.4. Arquitetura de uma rede WiFi

Na secção seguinte, são abordadas algumas redes WiFi e as respectivas topologias. As redes WiFi estão implantadas em muitas áreas, como casas, organizações empresariais e muitas outras áreas sociais. Estão espalhadas por todo o mundo. O componente Wi-Fi é constituído por um transcetor para transmitir e receber os sinais da antena.

4.4.1. *Tipos de redes e conjunto de serviços*

Uma rede pode ser organizada em qualquer uma das duas configurações apresentadas abaixo. O primeiro tipo de organização é designado por Infraestrutura menos. É também conhecida como rede ad hoc ou rede ponto-a-ponto. O segundo tipo de organização é designado por rede orientada para a infraestrutura. A secção seguinte apresenta uma breve introdução a estas duas organizações.

Infra-estruturas menos rede

Estes tipos de redes contêm duas ou mais estações, mas não existe um ponto de acesso para controlar a comunicação entre as estações. Esta configuração é normalmente conhecida como IBSS. Significa BSS independente. Uma estação que tenha uma porta de acesso à Internet é contactada para obter acesso a uma rede com fios.

Rede de infra-estruturas

Tem um conjunto de várias estações que estão sob o controlo de um AP e que também estão ligadas a ele. O AP actua como mediador entre as estações e a rede com fios. Esta configuração é conhecida como BSS ou Basic Service Set. Está a ser utilizada outra rede especializada denominada ESS ou Extended Service Set. Também está presente na rede juntamente com o BSS, que tem mais de um AP para fornecer os serviços necessários aos clientes. Neste tipo de arranjo, o cliente tem uma opção de roaming. No roaming, os AP podem comunicar entre si, realizando acções como a transferência para efetuar a autenticação. O roaming é uma questão complicada porque envolve a comunicação entre diferentes routers nas redes Wi-Fi.

A BSS, a ESS e a IBSS formam diferentes esquemas da rede, conforme especificado nas figuras abaixo.

1. O BSS é representado como um projeto de rede empresarial
2. O ESS é apresentado como Hub and Spoke
3. A IBSS é representada como uma arquitetura em malha

4.4.2. *Modelo de rede empresarial*

A figura 4.2 apresenta um exemplo de uma rede empresarial que representa uma sobreposição de LAN existente num edifício com vários andares, ligada com a ajuda de componentes sem fios.

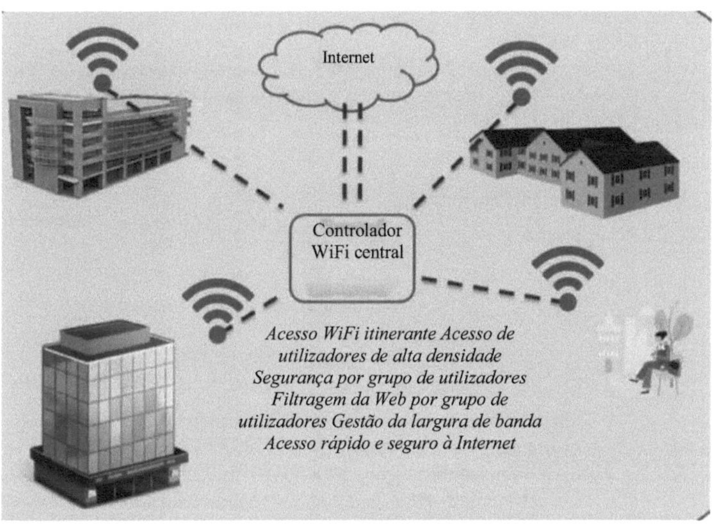

Fig 4.2: Diagrama de rede empresarial Wi-Fi típica

Os PA gordos têm custos de manutenção mais baixos do que os PA finos e são comparativamente mais confortáveis de manter. Além disso, os PA gordos têm mais funcionalidades em comparação com os PA finos. Muitos outros recursos são disponibilizados nos servidores locais. Alguns dos APs especializados/inteligentes também se encontram no mercado WLAN e possuem capacidades excepcionais.

4.5. WiMAX - Estrutura em camadas ISO

O WiMAX é uma tecnologia de banda larga baseada no acesso fixo sem fios muito popular atualmente disponível no mercado, lançada pelo Fórum WiMAX e que certifica a interoperabilidade de várias redes com a ajuda de uma norma importante - 802.16 - necessária para aceder a redes metropolitanas de banda larga fixas e sem fios. Prevê-se que esta especificação desenvolva componentes WIMAX para o consórcio da indústria WiMAX a custos reduzidos.

A camada física da rede WIMAX

A camada física do WIMAX funciona na largura de banda entre 10 e 66 GHz, suportando uma gama variada de tráfego com frequências licenciadas especificadas da seguinte forma - (10 GHz, 25 GHz, 26 GHz, 31 GHz, 38 GHz, 39 GHz) para comunicação bidirecional. Uma alteração posterior apoiou a região entre 2 GHz e 11 GHz, tanto para as bandas não licenciadas como para as licenciadas. O WiMAX foi desenvolvido para MANs e está a ser utilizado por muitas organizações, como as organizações educativas, as organizações governamentais locais, os centros de saúde e uma série de outras pequenas e grandes empresas em áreas metropolitanas. Atualmente, é a melhor solução para a realização de actividades comerciais na Internet. O ponto-chave é a utilização de serviços de dados integrados que forneçam voz robusta e muitas aplicações e serviços de vídeo em constante evolução.

É utilizado nas zonas rurais para fins de comunicação, mas o seu acesso é limitado devido a muitos factores que afectam a comunicação nas zonas rurais.

Camada MAC da rede WIMAX

Esta camada do WIMAX dá apoio a um conjunto múltiplo de especificações normalizadas da camada física. Nestas especificações, os esquemas de prioridade e os esquemas de contenção são desenvolvidos para oferecer um suporte de QoS para diferentes aplicações que servem várias necessidades. A arquitetura WiMAX suporta as topologias baseadas em malha e mesmo as topologias ponto-multiponto, provando assim que se trata de uma rede escalável que pode acrescentar canais/células até um determinado ponto.

4.5.1. Arquitetura da rede WiMAX

A arquitetura WiMAX está representada na figura 4.3. Em termos conceptuais, o WiMAX é comparável à telefonia celular - a sua área de serviço contém células e o WiMAX funciona numa abordagem de acesso LOS (Line Of Sight)

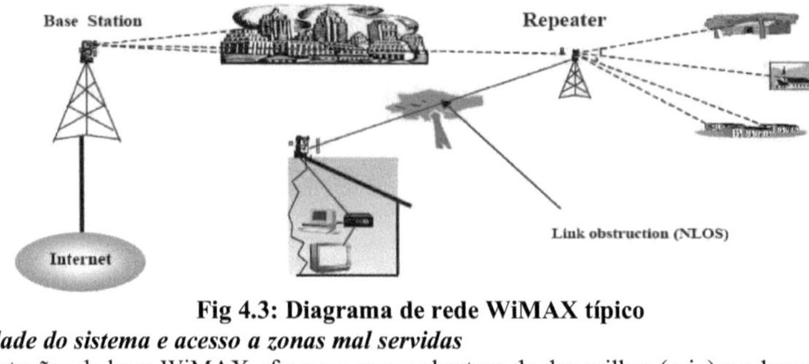

Fig 4.3: Diagrama de rede WiMAX típico

Capacidade do sistema e acesso a zonas mal servidas

As estações de base WiMAX oferecem uma cobertura de dez milhas (raio) e a largura de banda de acesso é distribuída pelos assinantes. Para garantir um débito elevado aos utilizadores, é obrigatório dispor de 500 assinantes ou mais por cada estação de base. O WIMAX é considerado uma opção adequada para fornecer acesso à rede em zonas rurais, periféricas e mal servidas, sempre que a população é menor. Só é possível fornecer serviços nestas áreas se os operadores de serviços locais e as organizações governamentais se juntarem e trabalharem em conjunto com o WISP (Wireless Internet Service Provider) local.

A interoperabilidade sem fios para acesso por micro-ondas é uma tecnologia extremamente popular, dinâmica e mágica. Pode ser implantada muito rápida e facilmente nas áreas de infra-estruturas onde a instalação da ligação à rede é difícil ou a colocação de cabos utilizando a Digital Subscriber Line (DSL) é complexa e demorada. O WIMAX surgiu no ano de 2005[1]. Mais tarde, foi gradualmente atualizado para oferecer portabilidade e foi finalmente normalizado. Em 2006, passou a chamar-se 802.16e [4]. As caraterísticas típicas do WIMAX incluem a oferta de uma elevada taxa de dados, serviços ininterruptos de aplicações de voz e vídeo aos seus clientes. Além disso, as redes de comunicação de banda larga WIMAX oferecem aos utilizadores um tipo de rede portátil, nómada e fixa, para além de serem interoperáveis com os serviços Internet fornecidos pelo ISP[6].

A arquitetura de rede de comunicações sem fios com tecnologias de banda larga WiMAX-WiFi [7] integradas é um método rápido, potencial e económico de fornecer serviços de acesso sem fios a um grande número de utilizadores. A rede utilizada como referência neste trabalho de investigação tem uma conceção multihop e multitier. O cenário criado com a utilização da rede integrada e híbrida apresenta uma vasta gama de tipos de redes complexas, interligadas e interdependentes que abrangem uma topologia de rede constituída por um número de rádios WiMAX e WiFi por nó. Uma das perspectivas deste trabalho de investigação é dar uma visão do desempenho de diferentes concepções possíveis de topologia híbrida que utilizam tanto o ponto de acesso WiFi como a estação de base WiMAX

Para oferecer serviços ininterruptos e sem descontinuidades a todos os assinantes numa rede sem fios de banda larga, uma rede heterogénea flexível e de baixo custo [5] não só permite qualquer tipo de rede para uma utilização eficiente do espetro, como também melhora a capacidade da rede. Este cenário permite uma comunicação de dados fácil de implementar, com base numa ampla gama de cobertura e com um débito elevado, o que exige não só um menor atraso de extremo a extremo, mas também um baixo jitter. Utilizamos Wi-Fi (IEEE 802.11n) e WiMAX (IEEE 802.16e) na nossa simulação, uma vez que suportam a mobilidade [10] e, por conseguinte, as actividades em tempo real dos utilizadores móveis podem ser suportadas pela rede integrada implementada na simulação. A escolha do protocolo de encaminhamento adequado [8, 31 e 32] para aplicações de alta velocidade sem descontinuidades desempenha um papel vital na conceção de redes integradas flexíveis, eficientes e escaláveis. Os protocolos de encaminhamento selecionados serão responsáveis pelo fator de mobilidade e pela topologia da rede. Por conseguinte, nesta tese, concebemos uma rede integrada que contém Wi-Fi/WiMAX para analisar o desempenho da rede e temos de considerar vários algoritmos de encaminhamento. A análise que se segue permite ao utilizador selecionar o algoritmo mais adequado para uma determinada topologia da rede sem fios.

4.6 Arquitetura do sistema

A arquitetura de uma rede híbrida sem fios de banda larga multicamadas é ilustrada na Fig. 4.4 e constitui a motivação para o modelo real do sistema proposto.

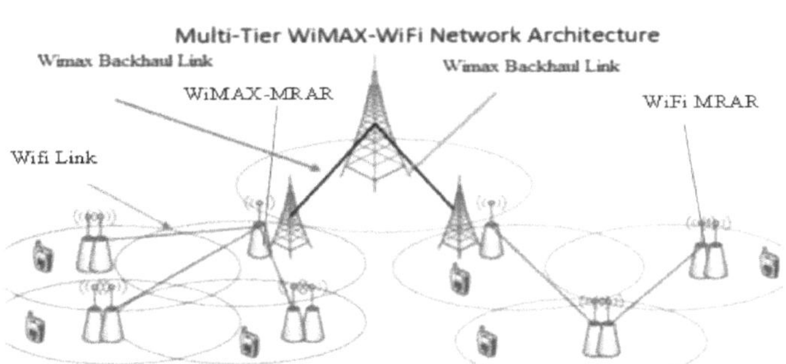

Fig. 4.4: Arquitetura de rede WiFi-WiMAX multicamada

4.5.2.. *Integração das tecnologias de banda larga*

As tecnologias sem fios de banda larga podem ser implantadas muito rapidamente com um menor investimento de capital em comparação com as redes de cabo de banda larga. Além disso, estas tecnologias podem ser integradas para melhorar o desempenho com a ajuda de um gateway WiFi/WiMAX [9, 18 e 19]. Isto permite que os utilizadores se liguem a ambas as tecnologias. A porta de ligação WiFi/WiMAX pode ser implementada para acomodar ou suportar ambas as tecnologias, permitindo aos utilizadores aceder aos serviços de ambos os lados da porta de ligação. Os utilizadores da rede WiFi podem ter acesso/conetividade a serviços de aplicações WiMAX não disponíveis na sua área de cobertura. Podem também aumentar a velocidade de transmissão de dados [10, 11, e 14]. A integração das redes WiFi-WiMAX proporciona vários serviços e aplicações móveis. Hoje em dia, tornou-se comum nas zonas urbanas. Várias cidades transformaram-se em cidades sem fios e fornecem acesso à Internet de banda larga sem fios utilizando a WMAN [12, 13]. A integração do WiFi e do WiMAX fixo pode ser utilizada para configurar redes sem fios em grande escala em várias cidades interessadas na conetividade de banda larga sem fios. Alguns dos projectos populares de cidades seguras sem fios são o projeto Wireless Philadelphia, o projeto San Francisco Tech-connect e o Google WiFi Mountain View.

Redes sem fios em grande escala em cidades que exigem conetividade de banda larga sem fios. Alguns dos projectos populares de Secure Wireless Cities são o Wireless Philadelphia Project, o San Francisco Techconnect Project e o Google WiFi Mountain View [20, 21]. O projeto Wireless Philadelphia fornece à Filadélfia os serviços sem fios WMAN. O projeto San Francisco Techconnect [28, 29, e 30] foi desenvolvido para fornecer serviços técnicos, formação e serviços Internet aos indivíduos. Este projeto deu origem a novas aplicações, ao crescimento económico e a uma melhor forma de serviços municipais [22, 23]. Do mesmo modo, o projeto Google WiFi Mountain View oferece Internet gratuita aos cidadãos da cidade californiana [15, 16]. Assim, a proposta de um protocolo que permita aos utilizadores aceder a WiFi e WiMax sem qualquer dificuldade tem inúmeras vantagens, tanto para os fornecedores de serviços como para os utilizadores. Estes serviços integrados Wireless-LAN- Wireless-MAN irão melhorar o desempenho e a velocidade de transmissão de dados. Em [7, 9 e 10] foi apresentada uma arquitetura com as redes WiFi e WiMAX contendo as suas rotas de tráfego e sendo separadas por gateways dedicadas para proporcionar interconectividade. A arquitetura proposta continha uma área de sobreposição entre a WLAN e a WMAN, assumindo que os pontos de acesso da rede WiFi utilizam um gateway bidirecional para se ligarem à rede WiMAX. Mas não é boa ideia fazer estas suposições. O algoritmo proposto é uma tentativa de considerar uma melhor integração e deve identificar certos aspectos entre as redes, tais como as bandas de frequência específicas utilizadas no WiFi, a utilização de frequências não licenciadas e licenciadas no WiFi e no WiMAX, respetivamente, e as suas áreas de cobertura. Além disso, a tecnologia WiMAX constitui uma alternativa à tecnologia DSL, oferecendo acesso em banda larga e actuando como espinha dorsal para os dispositivos WiFi. Outros aspectos como a mobilidade e a QoS [33, 34] são também objeto de consideração, sendo a questão do handoff uma preocupação crítica da QoS [35, 36]. Mesmo as suas arquitecturas não são semelhantes às do WiMAX baseado em PMP/Mesh e do WiFi que exige conetividade de espinha dorsal. Uma rede WiMAX PMP dá acesso a serviços de Internet de banda larga, organizando os nós como numa rede celular (utiliza uma BS), ao passo que uma topologia em malha, ou seja, MANET, funciona independentemente da BS, em que cada nó transmite e recebe informações dos vizinhos. É utilizada uma estratégia multihop para comunicar com os nós localizados mais longe [24, 25]. De seguida, apresenta-se um fluxograma para a rede híbrida WiFi/WiMAX proposta. Ao implementar o protocolo AODV melhorado apresentado no capítulo 3, os utilizadores WiFi podem aceder a serviços WiMAX não disponíveis na sua área de cobertura. O protocolo implementa as caraterísticas multi-hop das redes móveis Ad Hoc (MANET) e aumenta também a velocidade de transmissão de dados. A integração do WiFi-WiMAX proporciona vários serviços e aplicações móveis. Atualmente, tornou-se comum nas zonas urbanas.

Este trabalho de investigação oferece aos utilizadores de uma rede móvel Adhoc um serviço de banda larga sem fios e uma rede integrada. Estas redes são capazes de selecionar a melhor rota tendo em conta a largura de banda, a distância e a energia da bateria. A Figura 4.1 especifica um exemplo de ligação de serviço de um nó presente numa MANET dentro de uma rede WiFi que solicita serviços de banda larga a um WiMAX. De acordo com o protocolo proposto, o nó de uma MANET necessita de um número reduzido de saltos para trocar dados numa rede WiMAX [8]. O algoritmo utiliza um protocolo AODV avançado, baseado no Qualnet. Este protocolo AODV melhorado, referido no capítulo 3, evita o congestionamento e é utilizado para determinar a rota entre os nós móveis em MANET e efetuar uma transmissão de dados rápida [3]. A Figura 3 descreve as actividades de integração do WiFi e do WiMax utilizando um fluxograma.

4.5.3. FLUXOGRAMA DA REDE HÍBRIDA WIFI/WIMAX PROPOSTA

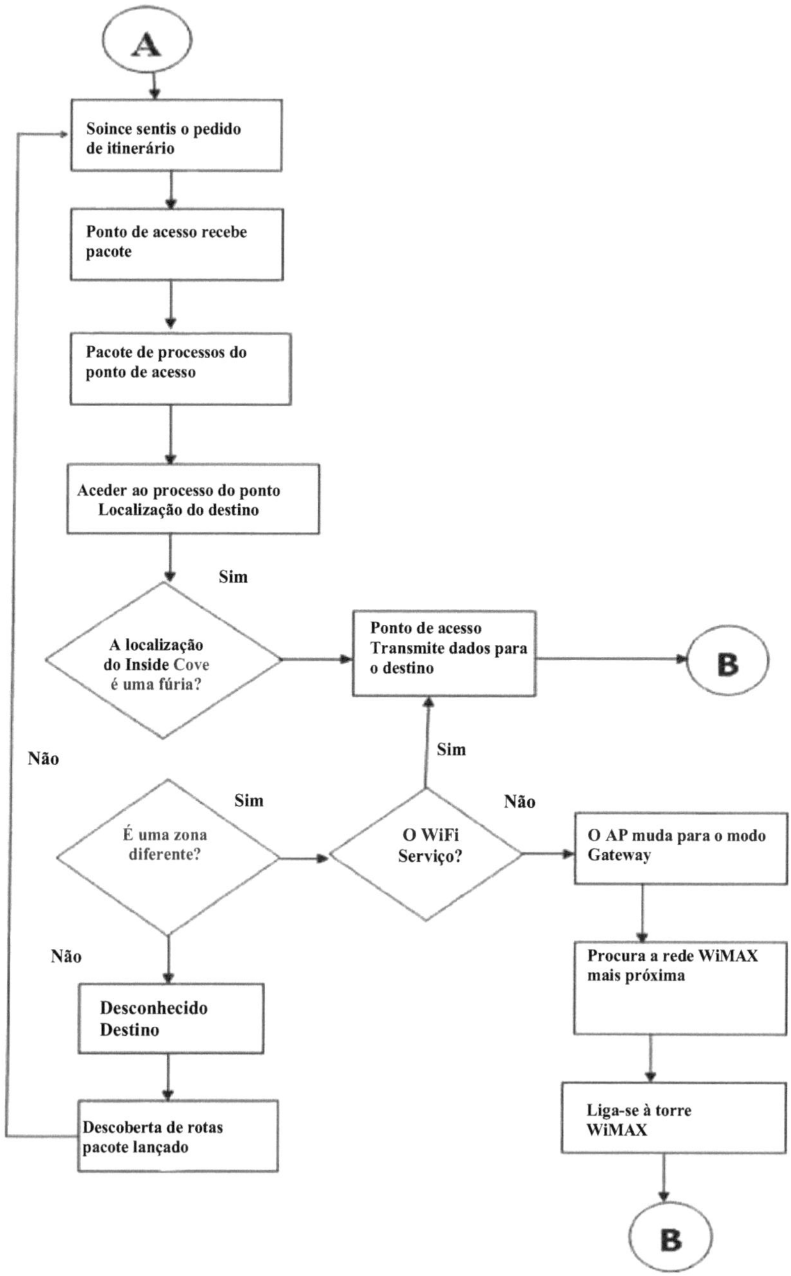

Fig. 4.5 Fluxograma da rede híbrida WiFi-WiMAX

Capítulo 5

ANÁLISE DE DESEMPENHO DE ALGORITMOS DE ENCAMINHAMENTO PARA MULTI-CÉLULAS ARQUITECTURA ESCALÁVEL DE UM SISTEMA INTEGRADO WIMAX-WIFI HETEROGÉNEO REDE

5.1. Geral

Os algoritmos de encaminhamento desempenham um papel importante na distribuição de dados na rede. Criam tabelas de encaminhamento, bem como tabelas de reencaminhamento, para efetuar uma transmissão de dados eficaz. Ao encaminhar a informação, é obrigatório encontrar um caminho entre dois nós que seja de baixo custo. Existem muitos protocolos de encaminhamento populares que funcionam entre diferentes nós das redes. Estes protocolos oferecem uma solução dinâmica e distribuída para encontrar o caminho com o custo mais baixo, tendo em conta as falhas nas ligações e nos nós. Também consideram as alterações que surgem devido à modificação dos custos das extremidades. Utilizámos os seguintes algoritmos de encaminhamento para a análise em redes heterogéneas escaláveis - Ad-hoc On Demand Distance Vetor Routing Protocol (AODV), Bellman-Ford Routing Algorithm, Dynamic MANET On demand Routing Protocol (DYMO), Ad-hoc On Demand Distance Vetor Routing Protocol (AODV), Landmark Adhoc Routing Protocol (LANMAR), Enhanced AODV protocol (EAODV), Inter zone Adhoc Routing Protocol (IERP), and Fisheye (FE) [6].

O desempenho do sistema proposto no fornecimento de comunicação de dados sem descontinuidades utilizando vários protocolos nos sistemas heterogéneos através da WLAN e WMAN nos projectos é avaliado através da realização de uma série de simulações utilizando o simulador QualNet 6.1. Os modelos de simulação são apresentados na Fig. 5.1 e na Fig. 5.5, com a mobilidade de ponto aleatório definida para os nós móveis. Consiste numa rede integrada com duas redes WiMAX (com BS), fornecendo cobertura a sete hotspots Wifi com pelo menos sete ou oito SSs fixos e um SSs móvel, e gerando dois tipos diferentes de tráfego, Constant Bit Rate (CBR) e Variable Bit Rate (VBR) com e sem mobilidade (Random Way-point) activada para pelo menos quatro-cinco nós. O protocolo IEEE 802.16 foi implementado utilizando a interface aérea MAN-OFDM sem fios em modo TDD. A largura de banda total da BS foi assumida como sendo de 2,4 Gbps. Os pormenores da definição dos parâmetros são apresentados nas tabelas seguintes.

TABELA 5.1. Definições de parâmetros para a estação de assinante WiFi (IEEE 802.11)

S.N.	Nome do parâmetro	SS
1.	Taxa de dados	2Mbps
2.	Taxa de transmissão a 1 Mbps (dBm)	15.0
3.	Taxa de transmissão a 2 Mbps (dBm)	15.0

4.	Taxa de transmissão a 6 Mbps (dBm)	15.0
5.	Taxa de transmissão a 11 Mbps (dBm)	15.0
6.	Sensibilidade de receção a 1Mbps	-93.0
7.	Sensibilidade de receção a 2Mbps	-89
8.	Sensibilidade de receção a 6Mbps	-87
9.	Sensibilidade de receção a 11 Mbps	-83
10.	Ganho previsto da antena direcional	15dBm
11.	Temperatura	290K
12.	Fator de ruído	10
13.	Modelo de antena	Omnidirecional
14.	Pacote curto Limite de transmissão	7
15.	Pacote longo Limite de transmissão	4

16.	Limiar RTS bytes	0
17.	Estação Ponto de Associação	Nenhum
18.	Atraso de propagação MAC	1 microssegundo

TABELA 5.2. Definições de parâmetros para a estação de assinante WiMAX (802.16)

S.N.	Nome do parâmetro	Estação de assinante
1.	Potência máxima de transmissão em dBm	50
2.	Potência de transmissão em dBm	20
3.	Largura de banda do canal	20MHz
4.	FFT	2048
5.	Modelo de antena	Omnidirecional
6.	Temperatura	290
7.	Fator de ruído	10

8.	Modelo da bateria	Nenhum
9.	Camada Mac (SS)	802.16
10.	Espera Intervalo de tempo limite DCD	25
11.	Espera Intervalo de tempo limite da UCD	25
12.	Atraso de propagação do Mac em microssegundos	01

TABELA 5.3. Definições de parâmetros para a estação de base WiMAX (802.16)

S.N.	**Nome do parâmetro**	**Estação de base WiMAX**
1.	Potência máxima de transmissão em dBm	50
2.	Potência de transmissão em dBm	20
3.	Largura de banda do canal	20MHz
4.	FFT	2048
5.	Modelo de antena	Omnidirecional
6.	Temperatura	290

7.	Fator de ruído	10
8.	Camada Mac (BS)	802.16
9.	Duração do fotograma Mac	20ms
10.	Duração da ligação descendente TDD	10ms
11.	Atraso de propagação do Mac em microssegundos	01
12.	Difusão DCD	5s
13.	Difusão UCD	5s
14.	Variação Valor mínimo de recuo	3
15.	Variação Valor máximo de recuo	15
16.	Intervalo de transição entre a transmissão e a receção (TTG)	10 microssegundos
17.	Intervalo de transição receção/transmissão (TTG)	10 microssegundos
18.	Lacuna de transição SS (SSTG)	4 microssegundos
19.	Nível máximo de carga de uplink permitido	0.7
20.	Nível máximo de carga de ligação descendente permitido	0.7

5.2. Resultados experimentais

Comparação de protocolos de encaminhamento com tráfego de taxa de bits constante na rede híbrida WiFi/WiMAX heterogénea

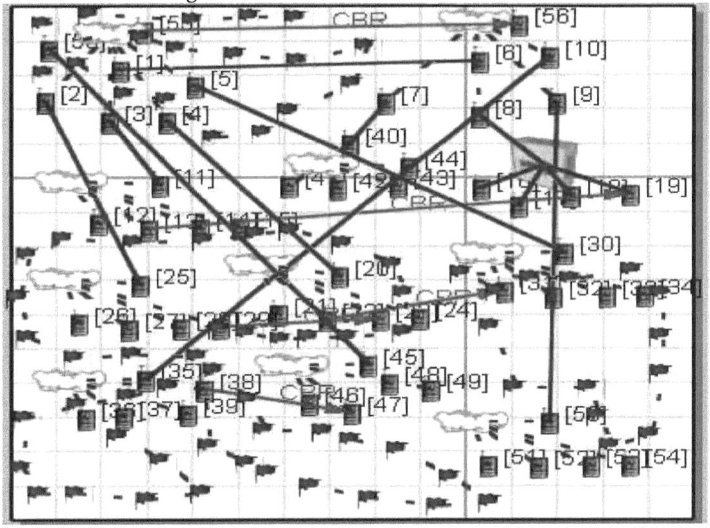

Fig. 5.1: Um cenário híbrido de vários níveis para uma rede heterogénea WiFi/WiMAX com tráfego de dados de taxa de bits constante

5.2.1. Comparação do rendimento de protocolos de encaminhamento com tráfego de taxa de bits constante na rede híbrida WiFi/ WiMAX heterogénea

A figura 5.2 mostra o gráfico do desempenho dos protocolos Bellman-Ford (BF), Interzone Routing Protocol (IERP), Adhoc On demand distant Vetor Routing Protocol (AODV), Landmark Ad-hoc Routing Protocol (LANMAR), Dynamic MANET Routing protocol (DYMO), Fisheye Protocol (FE) e o protocolo proposto (EAODV).

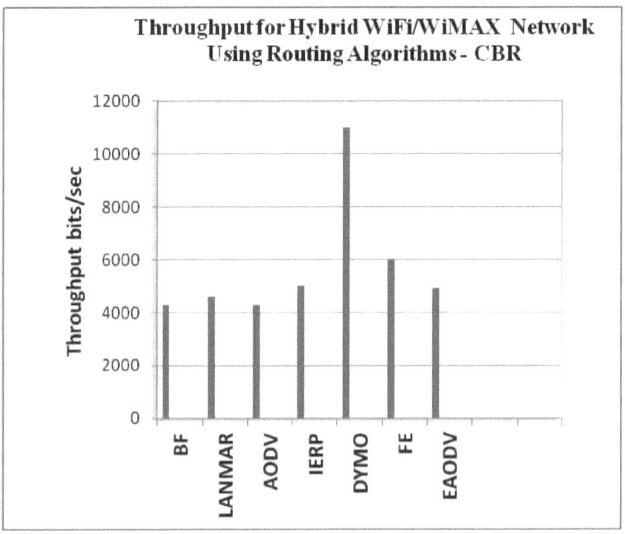

Fig. 5.2: Taxa de transferência dos protocolos de encaminhamento com tráfego de taxa de bits

constante no sistema híbrido
Rede heterogénea WiFi/WiMAX

5.2.2. Comparação do atraso extremo-a-extremo de protocolos de encaminhamento com tráfego de taxa de bits constante na rede híbrida WiFi/WiMAX heterogénea

A Figura 5.3 mostra o desempenho em relação ao atraso de ponta a ponta que ocorre durante a transmissão de dados.

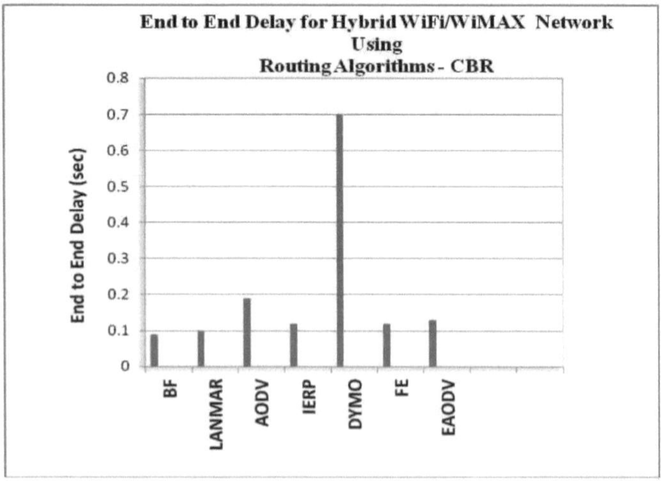

Fig. 5.3 Atraso de fim-de-fim dos protocolos de encaminhamento com tráfego de taxa de bits constante no sistema híbrido
Rede heterogénea WiFi/WiMAX

5.2.3. Comparação do Jitter dos protocolos de encaminhamento com tráfego de taxa de bits constante no sistema híbrido
Rede heterogénea WiFi/WiMAX

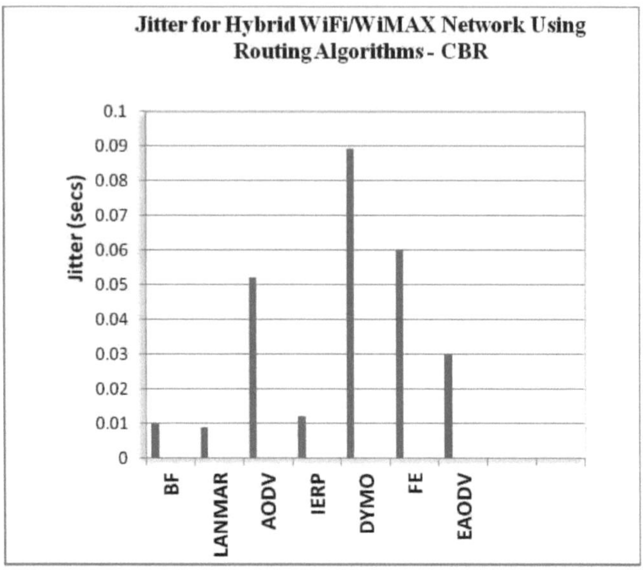

Fig. 5.4 Jitter dos protocolos de encaminhamento com tráfego de taxa de bits constante no sistema híbrido

Rede heterogénea WiFi/WiMAX

5.3. Comparação de protocolos de encaminhamento com tráfego de taxa de bits variável no sistema híbrido

Rede heterogénea WiFi/WiMAX

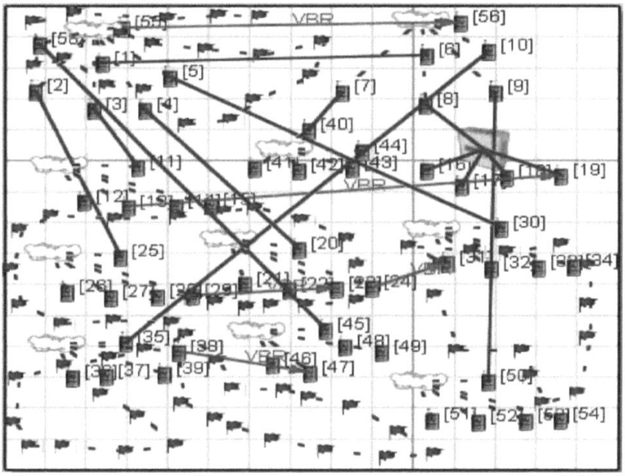

Fig. 5.5: Um cenário híbrido de vários níveis para uma rede heterogénea WiFi/WiMAX utilizando

Tráfego de dados com taxa de bits variável

5.3.1. Comparação do rendimento de protocolos de encaminhamento com tráfego de taxa de bits variável no

Rede híbrida WiFi/WiMAX heterogénea

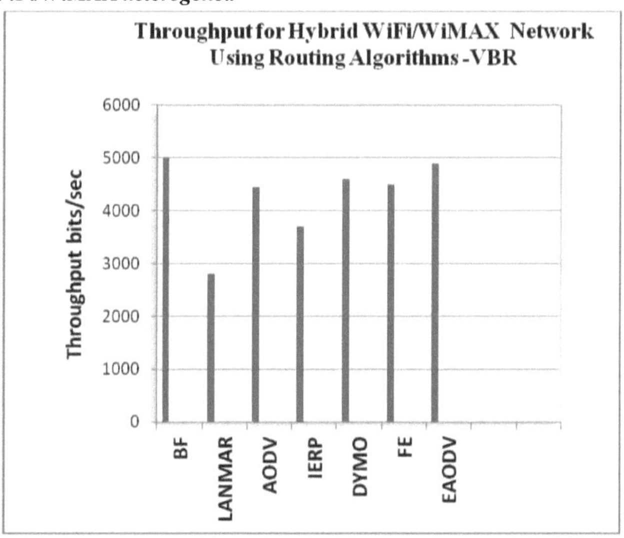

Fig. 5.6: Taxa de transferência dos protocolos de encaminhamento com tráfego de taxa de bits variável no sistema híbrido

Rede heterogénea WiFi/WiMAX

5.3.2. Comparação do atraso extremo-a-extremo de protocolos de encaminhamento com tráfego de taxa de bits variável na rede híbrida WiFi/WiMAX heterogénea

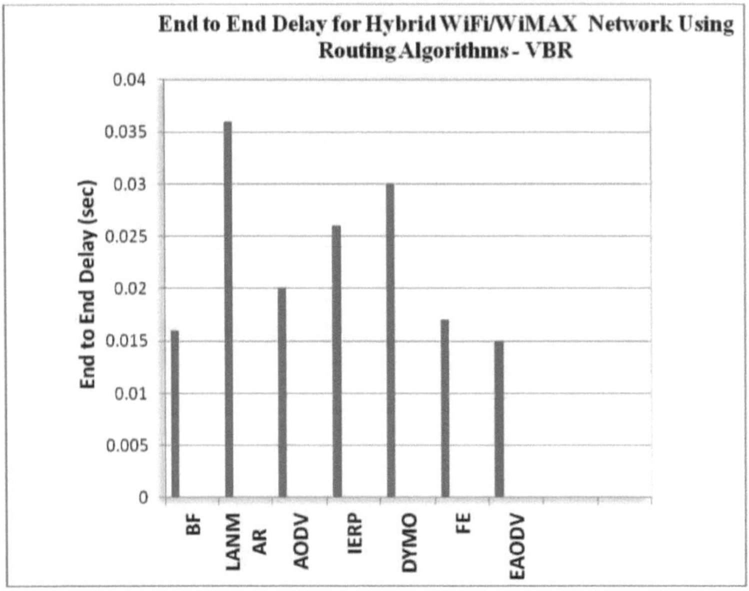

Fig. 5.7 Atraso de fim-de-fim dos protocolos de encaminhamento com tráfego de taxa de bits variável no sistema híbrido

Rede heterogénea WiFi/WiMAX

5.3.3. Comparação do Jitter dos protocolos de encaminhamento com tráfego de taxa de bits variável no sistema híbrido

Rede heterogénea WiFi/WiMAX

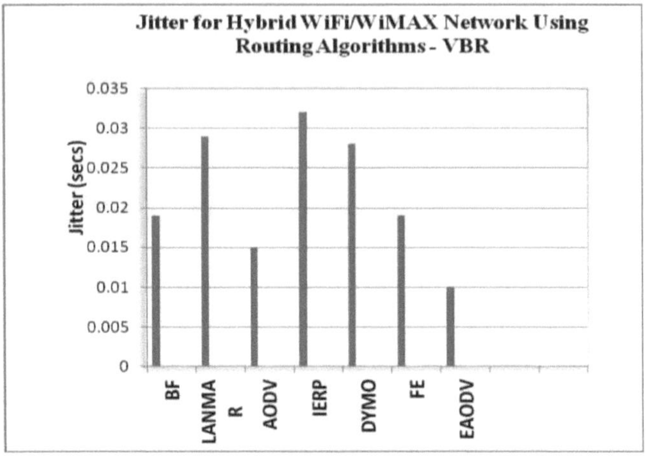

Fig. 5.8 Jitter dos protocolos de encaminhamento com tráfego de taxa de bits variável no sistema híbrido

Rede heterogénea WiFi/WiMAX

5.4. Comparação do Jitter e do Throughput entre tráfego de taxa de bits constante e tráfego de taxa de bits variável para protocolos de encaminhamento na rede heterogénea híbrida WiFi/WiMAX

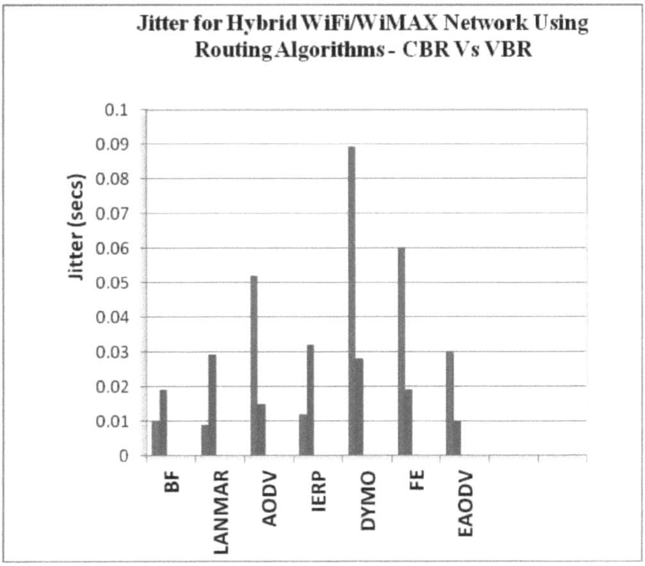

Fig. 5.9: Comparação do Jitter dos protocolos de encaminhamento entre tráfego de taxa de bits constante e

Tráfego com taxa de bits variável na rede híbrida WiFi/WiMAX heterogénea

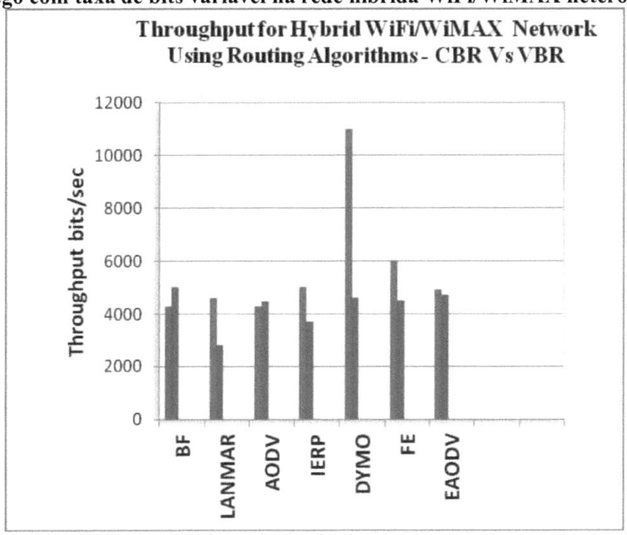

Fig. 5.10: Comparação da taxa de transferência dos protocolos de encaminhamento entre o tráfego de taxa de bits constante e o tráfego de taxa de bits variável na rede híbrida WiFi/WiMAX heterogénea

Capítulo 6

SIMULADOR QUALNET

6.1. Geral

Abrir um cenário no QualNet GUI

Esta secção cobre o trabalho com o QualNet GUI. Nós veremos como lançar o QualNet, descrever os componentes da GUI e finalmente abrir um cenário.

Iniciando o QualNet GUI

Abaixo estão as instruções para iniciar o aplicativo QualNet GUI em uma máquina Windows.

Inicie o aplicativo clicando duas vezes no atalho do aplicativo QN na sua área de trabalho. (Nota: Você só verá o ícone de atalho na área de trabalho se tiver selecionado a instalação de atalhos na área de trabalho durante a instalação do QualNet).

Em alternativa, é possível lançar a aplicação a partir da linha de comandos, navegando no diretório bin do diretório home da QUALNET e executando QualNetGUI.exe

cd %QUALNET_HOME%\bin\QualNetGUI.exe

Componentes da GUI do QualNet

O QualNet GUI contém quatro componentes. Os quatro componentes são Architect, Analyzer, Packet Tracer e File Editor.

O Architect é utilizado para desenvolver cenários e efetuar simulações. Este componente tem dois modos: o modo de conceção e o modo de visualização. No modo Design, desenvolvemos novos cenários e, em seguida, no modo Visualize, executamos a simulação do cenário concebido.

- O Analyzer é utilizado para inspecionar os resultados da simulação em pormenor.
- O Packet Tracer é utilizado para inspecionar os traços de pacotes encontrados durante a execução de simulações.
- O Editor de ficheiros é utilizado como editor de texto

Ao iniciar o QualNet GUI, ele abre com o componente Architect no modo de projeto por padrão.

A janela abaixo (Figura 6.1) é exibida após o lançamento do QualNet GUI.

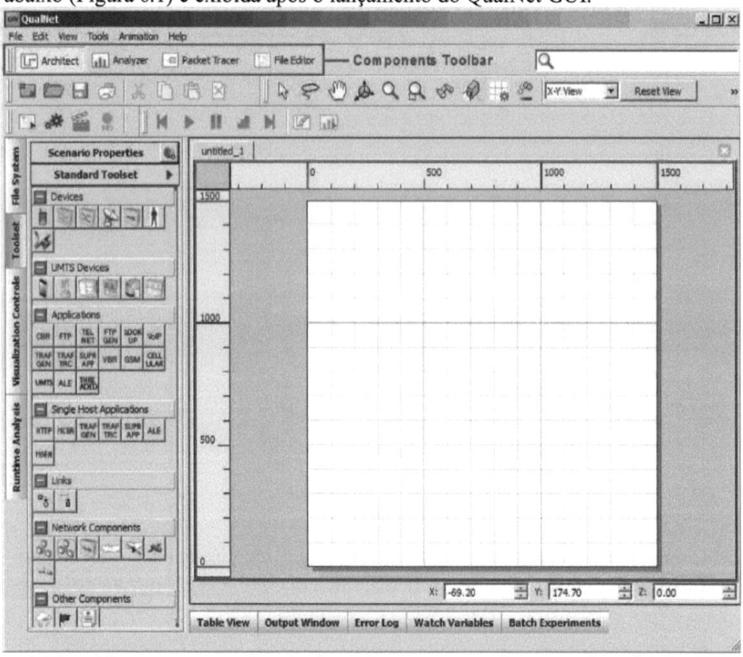

A Fig. 6.1 mostra que a janela é exibida quando o QualNet GUI é iniciado

6.2. Carregando o cenário de demonstração

Vejamos um exemplo em que carregamos um cenário de demonstração de Wi-Fi.
Para carregar o cenário Wi-Fi de demonstração, navegue até ao menu Ficheiro e selecione a opção de menu Abrir ficheiro. Aparecerá uma caixa de diálogo Abrir ficheiro. Utilize a caixa de diálogo do ficheiro para navegar para a localização do seu ficheiro de configuração. Selecione o ficheiro de configuração e clique no botão "Abrir"
%QUALNET_HOME%/scenarios/demo/WiFiDemo/WiFiDemo.config

Fig. 6.2. Carregando um cenário WiFiDemo

6.3. Descrição do cenário

No nosso caso, temos um cenário Wi-Fi simples:

- Dispomos de quatro estações móveis Wi-Fi que estão ligadas através de dois pontos de acesso.
- Os pontos de acesso estão ligados uns aos outros através de uma rede com fios. Por sua vez, cada ponto de acesso está ligado ao respetivo router. Por sua vez, os dois routers estão ligados através de um hub Ethernet.
- O nosso terreno é composto por dois edifícios e um parque.
- O nó 1 da estação móvel é a fonte UDP e tem de transmitir pacotes para o nó 3 da estação móvel.

No nosso cenário de simulação, o nó 1 desloca-se no terreno do alcance de um ponto de acesso para outro. Durante esta deslocação, o nó 1 muda de associação com o ponto de acesso ao alcance.

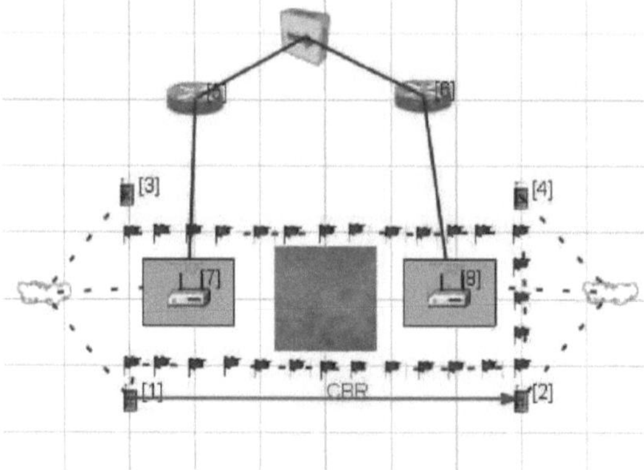

Fig.6.3 Detalhes do cenário (vistas X-Y)

6.4. Configuração do cenário

Temos vários editores de propriedades disponíveis para cada um dos componentes. Nestes editores, podemos configurar parâmetros gerais para os respectivos componentes.

Vejamos como os parâmetros gerais do cenário, como o tempo de simulação, e as propriedades de todo o cenário, como as frequências de canal e as propriedades do terreno, são definidos no Editor de propriedades do cenário.

Para navegar até o Editor de propriedades do cenário, clique no botão Propriedades do cenário no painel Conjunto de ferramentas.

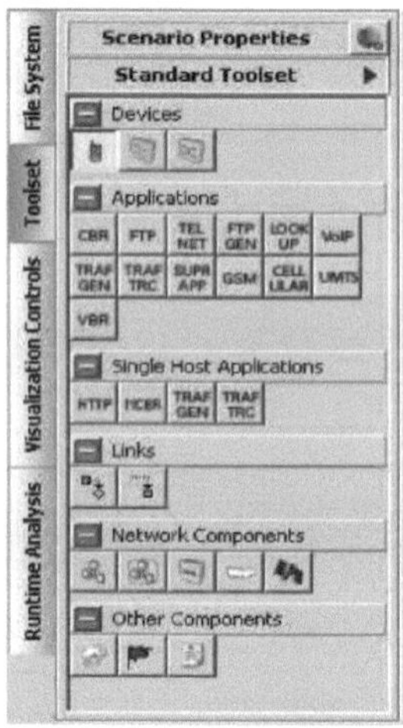

Fig.6.4 Botão de propriedades do cenário e conjunto de ferramentas padrão

Em alternativa, pode navegar para o Editor de Propriedades do Cenário navegando no menu Ferramentas e selecionando a opção Propriedades do Cenário no menu.

Fig. 6.5 Abrir o Editor de Propriedades do Cenário a partir do menu Ferramentas

Isto abrirá as propriedades do cenário que são mostradas abaixo.

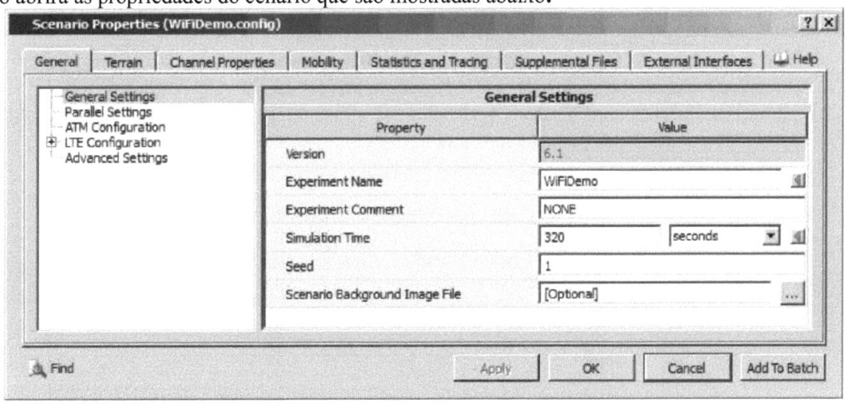

Fig. 6.6 Editor de propriedades do cenário

6.5. Propriedades gerais

As propriedades são categorizadas em vários separadores. Cada separador tem um painel de navegação à esquerda que lista vários separadores de subpropriedades. Ao selecionar um dos separadores no grupo de subpropriedades, o painel à direita apresenta as respectivas propriedades e os seus valores. Pode definir novos valores ou atualizar os valores existentes para estas propriedades a partir daqui.

Na figura acima, o primeiro separador Geral está selecionado. No separador Geral, no painel do lado esquerdo, está selecionado "Definições gerais", pelo que vemos as propriedades e os valores relacionados com o subgrupo. Uma dessas propriedades do grupo é o Tempo de simulação com o valor definido para 320 segundos.

6.6. Propriedades do nó

O Default Device Properties Editor (Editor de propriedades predefinidas do dispositivo) é utilizado para definir propriedades específicas de um nó (no nosso cenário, ponto de acesso, estação móvel ou router). Os parâmetros do nó também incluem propriedades de caraterísticas, como um ícone para identificar o nó na tela.

Pode navegar para o Editor de propriedades do dispositivo predefinido para um nó a partir do painel Visualização de tabela ou da tela.

No nosso caso, navegar para o Default Device Properties Editor do nó 7, que é um ponto de acesso através do painel Table View.

1. Clique no botão Visualização de tabela na parte inferior do ecrã.
   Isso abrirá o painel Exibição de tabela, que contém todos os componentes listados no cenário organizados em várias guias. O primeiro separador do painel Vista de tabela é o separador Nó, que contém todos os nós do cenário. Este separador lista o ID do nó, o Nome do nó e o Tipo de dispositivo.

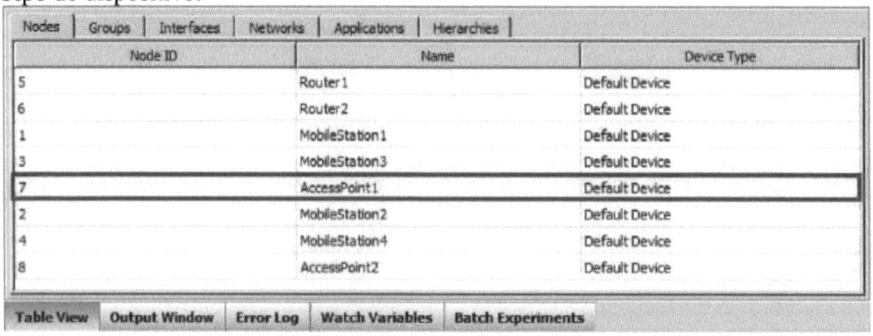

Fig.6.7. Visualização da tabela com os nós

2. Agora, selecione a linha que tem o nó de parâmetro "ID do nó" com o valor "7" e o parâmetro "Nome" com o valor "AccessPoint1" e faça duplo clique sobre ele para iniciar o Editor de propriedades para AccessPoint1.

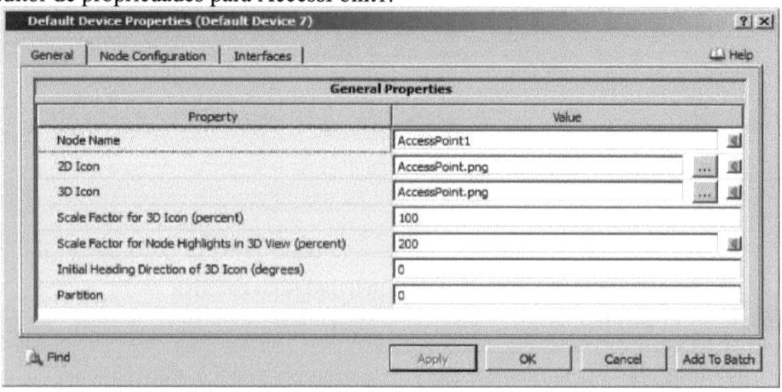

Fig.6.8. Editor de Propriedades para o Ponto de Acesso1

Em alternativa, pode navegar para o Editor de propriedades do dispositivo predefinido para um nó a partir do ecrã

1. Clique no botão Selecionar na barra de ferramentas Ver para colocar o Canvas no modo Ver.
2. Clique com o botão direito do rato no ícone de um nó (no nosso caso "AccessPoint1) na tela e selecione o item Propriedades no menu de contexto.

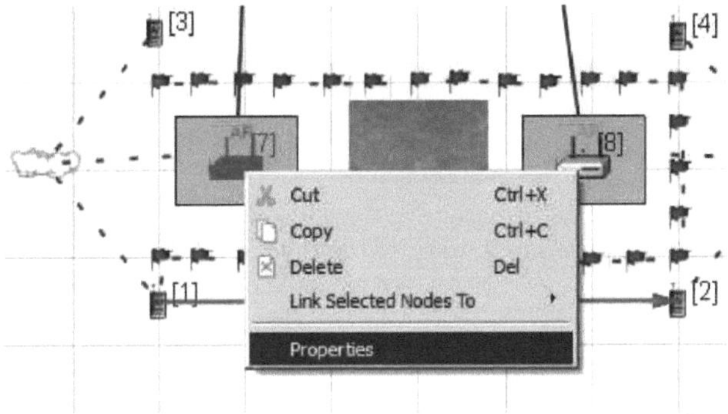

Fig.6.9. Abrir o Editor de Propriedades do Dispositivo Padrão a partir do Canvas

Como é que as propriedades estão organizadas?

As propriedades são categorizadas em vários separadores. Cada separador tem um painel de navegação à esquerda que lista vários separadores ou grupos de subpropriedades. Ao selecionar um dos separadores no painel da esquerda, o painel da direita apresentará as respectivas propriedades e os seus valores. Pode definir novos valores ou atualizar os valores existentes para estas propriedades a partir daqui.

Na figura (6.10) abaixo, selecionámos o separador Node Configuration (Configuração do nó). Neste separador, selecionámos o separador Routing Protocol (Protocolo de encaminhamento) no painel de navegação à esquerda - que, por sua vez, apresentou as respectivas propriedades relacionadas com o protocolo de encaminhamento, como o protocolo de encaminhamento IPV4, que está definido como AODV, indicando que o protocolo de encaminhamento Ad-hoc On-demand Distance Vetor é utilizado para redes IPv4. **6.7. Propriedades da interface**

As propriedades relacionadas com uma interface são listadas no Editor de propriedades da interface. Um nó pode ter várias interfaces e cada interface terá um conjunto único de propriedades diferentes das outras. Por exemplo, no nosso caso, os nós 7 e 8 (pontos de acesso 1 e 2) têm duas interfaces, cada uma para uma sub-rede sem fios e outra para o router. Tal como os endereços MAC e IP diferentes, cada uma das interfaces em ambos os nós tem propriedades diferentes.

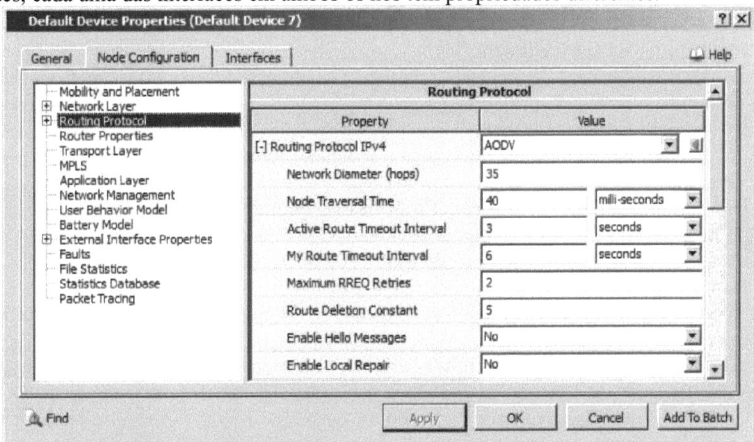

Fig.6.10. Propriedades do Protocolo de Roteamento para AccessPoint1

Vejamos as interfaces do nó 7 (pontos de acesso 1)

1. Navegar para o Editor de Propriedades do Dispositivo Predefinido para o nó 7 (consulte os passos acima para navegar para o Editor de Propriedades do Dispositivo Predefinido).

2. Selecione o separador Interfaces. O painel de navegação à esquerda lista as interfaces deste nó. Interface0 ligada à sub-rede sem fios e interface1 ligada ao router.
3. As propriedades da interface estão organizadas em grupos no painel de navegação esquerdo. Clique no botão "+" no painel de navegação em frente ao grupo de propriedades para aceder aos separadores dentro dos grupos. Pode continuar a pesquisar nos subgrupos de propriedades para obter os separadores neles contidos.

   No nosso caso, clique no sinal "+" à frente de Interface1 para aceder aos subgrupos de propriedades e aos separadores desta interface. Em seguida, selecione o separador "MAC Layer" (Camada MAC) e o painel à direita apresentará as respectivas propriedades da camada MAC e os respectivos valores. Verificará que o parâmetro MAC Protocol (Protocolo MAC) tem o valor 802.11, o que indica que o IEEE 802.11 MAC é utilizado como protocolo MAC nesta interface. Também é apresentado o parâmetro "Set as Access Point" (Definir como ponto de acesso), que está definido como Yes (Sim). Isto indica que esta interface é um ponto de acesso.
4. Explore os outros grupos de propriedades no painel de navegação clicando neles e analise as respectivas propriedades atribuídas a cada separador no painel direito.
5. Em seguida, veja as propriedades da Interface 0 clicando no sinal "+" à sua frente e explore os subgrupos e as respectivas propriedades. Quando olhar para o parâmetro MAC Protocol (Protocolo MAC) no separador MAC Layer (Camada MAC), verá que, para a Interface 0, o valor está definido como "Abstract Link MAC" (Ligação abstrata MAC), o que é diferente do valor de MAC Protocol definido na Interface 1.

Vamos agora explorar as propriedades das interfaces do nó 1 (estação móvel) e compará-las com as propriedades do nó 7 (ponto de acesso).

1. Navegue para o Editor de Propriedades do Dispositivo Predefinido para o nó 1 (consulte os passos acima para navegar para o Editor de Propriedades do Dispositivo Predefinido).
2. Selecione o separador Interfaces. O painel de navegação à esquerda lista as interfaces deste nó. Você notará que este nó tem apenas uma Interface0 conectada à sub-rede sem fio.
3. Em seguida, clique no sinal "+" à frente de Interface0 para aceder aos subgrupos de propriedades e aos separadores desta interface. Em seguida, selecione o separador "MAC Layer" (Camada MAC) e, no painel da direita, verá que o parâmetro "Set as Access Point" (Definir como ponto de acesso) está definido como No (Não), o que indica que esta interface é uma estação móvel (Nota: no nó 7, este parâmetro foi definido como Yes (Sim)).

6.8. Propriedades da sub-rede sem fios

As propriedades relacionadas com uma sub-rede sem fios são definidas no Editor de Propriedades da Sub-rede Sem Fios. Vejamos as propriedades da camada Física para uma sub-rede sem fios.

Para navegar para as propriedades da camada física de uma sub-rede, siga os passos abaixo:

1. Abra o painel Vista de tabela e selecione o separador Redes.
2. O separador Redes lista todas as sub-redes com e sem fios e as respectivas ligações ponto-a-ponto que fazem parte do cenário. Também lista os nós ligados a uma sub-rede ou a uma ligação.
3. Selecione a linha com o endereço de rede 190.0.4.0 e faça duplo clique sobre ela. Isto irá lançar a janela

   Editor de propriedades para a sub-rede sem fios da esquerda (Nota: O ícone da sub-rede selecionada é realçado na tela)
4. No Editor de Propriedades, selecione o separador Camada Física. Este separador contém todas as propriedades da camada física de uma sub-rede. Agora selecione o separador "General" (Geral) no painel de navegação esquerdo. No painel à direita, verá que o parâmetro Radio Type (Tipo de rádio) tem o valor definido como 802.11b Radio (Rádio 802.11b), o que indica que o IEEE 802.11b PHY é utilizado como modelo de rádio para todas as interfaces nesta sub-rede sem fios. Também notará que estão disponíveis parâmetros para configurar o rádio 802.11b.

Propriedades de aplicação:

No ecrã, pode ver uma seta verde entre um par de nós (no nosso caso, os nós 1 e 3). Esta seta indica que existe tráfego de pacotes entre os dois nós, gerado pelo gerador de tráfego Constant Bit Rate (CBR). Vamos examinar o parâmetro do tráfego de pacotes abaixo

Para lançar as propriedades da sessão CBR, siga os passos abaixo:

5. Abra o painel Vista de tabela e selecione o separador Aplicações.
6. O separador Applications (Aplicações) lista todas as sessões de aplicações que fazem parte do cenário. No nosso cenário, só temos uma sessão de tráfego entre os nós 1 e 3.
7. Selecione a linha com CBR e clique duas vezes nela. Isso abrirá o Editor de propriedades para a sessão CBR entre os nós 1 e 3 (Nota: A seta que representa a aplicação está destacada na tela).
8. No separador Properties Editor (Editor de Propriedades), notará que o parâmetro Interval (Intervalo) tem o valor definido para 0,05 segundos, o que indica que o pacote é enviado do nó 1 para o nó 3 a cada 50 milissegundos. Além disso, pode verificar que estão disponíveis outros parâmetros para configurar o CBR.

6.9. Execução do cenário

Aqui vamos ver como executar o cenário de demonstração que construímos e analisar o seu comportamento em tempo de execução Inicializar a Simulação

Para carregar a simulação, clique no botão Inicializar Simulação, que coloca o Arquiteto no modo de visualização. Se existirem erros ou avisos, estes são apresentados no painel Registo de erros na parte inferior. Pode fechar este painel se não for necessário.

Os controlos de visualização estão disponíveis nos painéis da esquerda e são utilizados para definir a velocidade e os filtros da animação.

Definir a velocidade e os filtros da animação

1. Utiliza o cursor de velocidade da animação para reduzir ou aumentar a velocidade da animação. Também podes definir isto enquanto o cenário está a ser executado.
2. Por predefinição, todos os filtros de animação estão definidos como ON. Para o nosso cenário, vamos desativar a maior parte deles
   - Em Event Filters (Filtros de eventos), deixe os filtros Node Mobility (Mobilidade do nó), Broadcast Packet (Pacote de difusão) e Packet Received (Pacote recebido) activados e desactive os restantes filtros clicando em cada botão de filtro.
   - Clique em Layer Filters (Filtros de camadas). Aqui vemos filtros para diferentes camadas de animação. Desactive todos os filtros de camadas, exceto Rádio e Rede.

Executar a simulação:

Para executar a simulação, clique no botão Reproduzir.

Quando a simulação está a decorrer, pode personalizar a velocidade da animação, fazer uma pausa e retomar as simulações utilizando os controlos no painel Visualização.

No painel Controlos de visualização, pode ver o tempo de simulação e o tempo real. A barra de progresso exibe a porcentagem da simulação concluída.

Durante a execução da simulação, notará o seguinte:

- Os círculos verdes na tela representam a transmissão de rádio: Quando um nó transmite um pacote, um círculo em expansão parte do nó e cresce cobrindo a área aproximada em que a transmissão do nó pode ser recebida.
- As setas verdes representam uma receção bem sucedida do pacote: Após uma transmissão bem sucedida entre dois nós, é desenhada uma seta verde entre o nó emissor e o nó recetor.
- A transmissão a partir da Estação Móvel 1 (nó 1) deslocar-se-á ao longo do caminho dos marcadores de pontos de passagem (bandeiras vermelhas).

Durante a simulação, o nó 1 transmite pacotes para o nó 3. As setas verdes indicam o caminho que os pacotes de dados utilizam para transmitir do nó 1 para o nó 3. No início, o nó 1 está associado ao nó 7 e os pacotes utilizam o caminho 1 > nó 7 > nó 5 > nó 6 > nó 8 > nó 2.

Mais tarde, quando o nó 1 se afasta do raio de ação do nó 7 (Access Point1) e entra no raio de ação do nó 8 (Access Point2). Em cerca de 60 segundos, ocorrem as transferências de associação e o nó 1 passa a associar-se ao nó 8 e a utilizar um novo caminho: 1 > nó 8 > nó 2.

Por volta dos 260 segundos, o nó 1 afasta-se do nó 8 e entra no alcance do nó 7. O nó 1 muda agora de associação do nó 8 para o nó 7 e regressa ao caminho original: 1 > nó 7 > nó 5 > nó 6 > nó 8 > nó 2.

6.10. Análise dos resultados da simulação

Agora vamos plotar alguns resultados da simulação no QualNet Analyzer. Após a simulação ter sido completada, mude para o Analyzer clicando no botão de resultados analisados na caixa de ferramentas.

6.11. Cenário de gravação e execução

Guardar e executar o cenário fazendo o seguinte:

1. Guardar o cenário, clicando no botão Guardar da barra de ferramentas.
2. Inicialize o cenário clicando no botão de simulação. Inicie a simulação clicando no botão de reprodução. Consulte a secção 6.9 para obter informações pormenorizadas sobre a execução do cenário e a análise dos resultados.

CONCLUSÃO E RECOMENDAÇÕES

Apresentámos um protocolo AODV melhorado, denominado EAODV, que pode efetuar o controlo do congestionamento juntamente com uma elevada capacidade de armazenamento em memória intermédia, proporcionando suporte para o método multicast em redes sem fios. Os fluxos unicast partilham a largura de banda numa ligação. Os protocolos existentes para o funcionamento multicast, nomeadamente o MAODV e o ODMRP, apenas ajudam a estabelecer um cenário para o encaminhamento da informação dentro dos nós. Não podem efetuar o controlo do congestionamento. Muitos tentaram criar novos MTP para efetuar o controlo do congestionamento. Mas estes protocolos não garantem a equidade em relação ao protocolo de controlo do transporte (TCP). As redes sem fios de banda larga e as redes ad hoc sem fios têm muitas limitações se o objetivo for a sua integração numa rede híbrida. Sofrem grandes atrasos no acesso aos canais e são também afectadas por muitos erros.

A nossa análise e simulações extensivas revelam que o esquema proposto para suporte de multicast é estável em termos de ambos os parâmetros, nomeadamente o número de camadas utilizadas para efetuar sessões de multicast, e também garante que é uma estratégia justa quando o débito é uma questão de consideração ao longo das sessões. Esta é uma demonstração do controlo do congestionamento efectuado pelo protocolo.

O atual trabalho de investigação em redes sem fios de banda larga também propôs uma arquitetura combinada para suportar a arquitetura integrada das tecnologias WiFi e WiMAX. Utilizamos Wi-Fi (IEEE 802.11n) e WiMAX (IEEE 802.16e) na nossa simulação, uma vez que suportam a mobilidade e, por conseguinte, as actividades em tempo real dos utilizadores móveis também são suportadas pela rede integrada utilizada na simulação. A escolha de um protocolo de encaminhamento adequado para aplicações de alta velocidade sem descontinuidades desempenha um papel vital na conceção de uma rede integrada eficiente, flexível e escalável. O protocolo de encaminhamento selecionado é o principal responsável pelo fator de mobilidade e pela topologia da rede.

Por conseguinte, neste estudo, concebemos uma tecnologia integrada que contém Wi-Fi/WiMAX e, em seguida, analisámos o desempenho da rede tendo em conta vários algoritmos de encaminhamento. Esta análise resultante permite ao utilizador selecionar o algoritmo mais adequado.

Limitação:

Se o número de nós for indefinidamente aumentado nas redes sem fios ou se a rede se tornar excessivamente dinâmica, o desempenho da configuração pode ser reduzido em comparação com o desempenho habitual, embora esta situação possa ser controlada pelo protocolo EAODV até certo ponto.

REFERÊNCIAS

Rama K. Raju, A. Damodaram. "Tecnologias sem fios de banda larga emergentes: Wifi and Wimax", Conferência Internacional sobre Fundamentos da Ciência e Tecnologia da Computação (FCST 2012).

S.V.S. Rama Krishnam Raju, Dr. Kahkashan Tabassum, Dr. A. Damodaram, "A Strategy to Provide Robust and Seamless Data Transmission in Broadband Wireless Networks", International Journal of Engineering and Innovative Technology (IJEIT) Volume 2, Issue 6, dezembro de 2012.

S.V.S. Rama Krishnam Raju, Dr. Kahkashan Tabassum, Dr. B.C. Jinaga, Dr. A. Damodaram, "Performance Evaluation of Routing Algorithms for Multi-Cell Scalable Architecture of Integrated WiMAX-WiFi Heterogeneous Network", International Journal of Computer Science and Technology (IJCST) Vol. 4, Issue 2, April 2013.

Chieng D., Ting A., "Design and Analysis of WiMAX-WiFi Multi-tier Network", Conferência Internacional sobre Redes de Informação (ICOIN) 2011, Kuala Lumpur, Malásia, 26-28 de janeiro de 2011.

Chieng, D. D. V. Hugo, A. Banchs, "A Cost Sensitivity Analysis for Carrier Grade Wireless Mesh Networks with Tabu Optimization", Workshop of Carrier Grade Wireless Mesh Network, Proceeding of IEEE INFOCOM, San Diego, California, March 15-19, 2010.

De La Oliva A., et. al., "An overview of IEEE 802.21: media independent handover services", Wireless Communications, IEEE Wireless Communications, Volume 15, n.º 4, agosto de 2008, pp. 96-103.

Dusit Niyato e Ekram Hossain, "Integration of WiMAX and WiFi: Optimal Pricing for Bandwidth Sharing", IEEE Commun. Mag., vol. 45, no 5, pp. 140-146, maio de 2007.

Haiping Liu, Xin Liu, Chen-nee Chuah e Prasant Mohapatra, "Heterogeneous Wireless Access in Large Mesh Networks", Fifth IEEE International Conference on Mobile Ad-hoc and Sensor Systems (MASS), Atlanta, GA, 29 de setembro a 2 de outubro de 2008.

Hui-Tang Lin, Ying-You Lin, Wang-Rong Chang, e Rung-ShiangCheng, "An Integrated WiMAX/WiFi Architecture with QoS Consistency over Broadband Wireless Networks," nos anais da 6.ª Conferência IEEE sobre Comunicações e Redes de Consumidores (CCNC), Las Vegas, Nevada, EUA, Jan. 2009.

Kamal Gakhar, Annie Gravey e Alain Leroy, "IROISE: A New QoS Architecture for IEEE 802.16 and IEEE 802.11e Interworking", in Proc. of IEEE International Conference on Broadband Networks, Boston, MA, pp. 607-612, Out. 2005.

Lampropoulos G., Salkintzis A. K., Passas N., "Media-Independent Handover for Seamless Service Provision in Heterogeneous Networks", IEEE Comm. Magazine, janeiro de 2008.

Threshold for Bandwidth Reservation in WiMax and Wifi Wireless Networks", Proc. 2007 *Wireless and Mobile Communications. ICWMC '07. Third International Conference* on, pp.76.

R. Bera, B. Paul, A. Guchhait, S. Sil. N.B. Sinha, y S. Dogra. "Wireless Embedded System for Multimedia Campus Network Utilizing IEEE 802.11 N (draft) and WiMax Radio," en Proc. 2007 *Wireless and Optical Communications Networks*, pp.1-5.

S. Jindal, A. Jindal, y N. Gupta. "Grouping WI-MAX, 3G and WI-FI for wireless broadband", en Proc. 2005 *First IEEE and IFIP International Conference in Central Asia.*

A. Ian F., W. Xudong, W. Weilin. "Wireless Mesh Networks: A Survey, "*Computer Networks, Volume 47, Issue 4, 15 de março de 2005*, pp. *445-487.*

T. Su-En. "WiMax-Prospect and New Business Models", en Proc. 2005 *3G and Beyond, 2005 6th IEE International Conference on, pp.1-5.*

T. Ali-Yahija, K. Sethom, y G. Puiolle. "Continuidade de serviço sem descontinuidades em redes WLAN e WMAN: Challenges and Performance Evaluation", Proc. 2007 *IEEE/IFIP International Workshop*, pp. 1-12.

S. Dhawan. "Analogy of Promising Wireless Technologies on Different Frequencies: Bluetooth, WiFi, and WiMAX," en Proc. 2007 *Wireless Broadband and Ultra Wideband Communications, 2007. AusWireless 2007. A 2ª Conf. Internacional de Comunicações sem Fio.*

J.G. Andrews, A. Ghosh e R. Muhamed. "Introduction to Broadband Wireless", en *Fundamentals of WiMAX, Understanding Broadband Wireless Networking"*. Ed.Prentice Hall, 2007, pp 3-32.

Y. Chen. "Achieve User Authentication and Seamless Connectivity on WiFi and WiMAX

Interworked Wireless City", Proc. 2007 *Wireless and Optical Communications Networks*, pp. 1-5
Wireless Philadelphia, http://www.wirelessphiladelphia.org/
San Francisco TechConnect, http://www.sfgov.org/techconnect/
Google WiFi, http://wifi.google.com/
K. Lu, Y. Qian, H. Chen. (2007, Mayo). "Um controlo de rede seguro e orientado para os serviços
Framework for WiMAX Networks". *Revista IEEE Communications*, pp. 124-130.
Norma IEEE 802.16-2004, Norma IEEE para redes locais e metropolitanas (MAN) - Parte 16: Interface aérea para sistemas fixos de acesso sem fios.
Revisão do IEEE Std. 802.16-2004 e consolida material do IEEE Std. 802.16e-2005, IEEE Std 802.16-2004/Cor1-2005, IEEE Std. 802.16f-2005 e IEEE Std. 802.16g- 2007.Gizem, Aksahya & Ayese, Ozcan (2009) Coomunications & Networks, Network Books, ABC Publishers.
Norma IEEE 802.16e-2005, Alteração à norma IEEE para redes locais e metropolitanas (MAN) - parte 16: Interface aérea para sistemas fixos de acesso sem fios em banda larga - Camadas de controlo de acesso físico e médio para funcionamento combinado fixo e móvel em bandas licenciadas.
Intel Corp., IEEE 802.16* and WiMAX: Broadband Wireless Access for Everyone,2003, www.intel.com/ ebusiness/ pdf/ wireless/ intel/802_16wimax.pdfForum, WiMAX's Technical Advantage for Coverage in LOS and NLOS Conditions, agosto de 2004, www.wimaxforum.org/news/downloads/ WiMAXNLOSgeneral-versionaug04.pdf.
Fórum WiMAX: (www.wimaxforum.org).
Panorâmica geral da tecnologia WiMAX - www.intel.com/netcomms/ technologies/ wimax
Conferência e Exposição Mundial WiMAX (www.wimaxworld.com)
Tropos Networks: (www.tropos.com)
Debra. "Quem paga pelas cidades sem fio?" Em MIT Technology Review Asbrand, setembro de 2004.
Biever, Celeste "Smart fabrics make for enhanced living," In New Scientist,. 23 de outubro de 2004.
"Vo-WLAN: O futuro da voz sem fios está aqui ... Quase" em Wi-Fi Planet. Cohen, Beth. 14 de junho de 2004.
Bulk, Frank. "Wireless MANs, Giving WMANs a Little Muscle". Em Network Computing. 18 de março de 2004.
J. Peng, B. Sikdar, e L. Cheng "Multicasting with Localized Control in Wireless Ad-Hoc Networks (extended version)", relatório técnico, Dept. of Electrical, Computer, and Systems Engineering, Rensselaer Polytechnic Inst., 2008.
R. Gopalakrishnan, J. Griffioen, G. Hjalmtysson, C. Sreenan e S. Wen, "A Simple Loss Differentiation Approach to Layered Multicast," Proc. IEEE INFOCOM '00, Mar. 2000.
N. Sastry e S. Lam, "CYRF: A Theory of Window Based Unicast Congestion Control," IEEE/ACM Trans. Networking, vol. 13, no. 2, pp. 330-342, Abr. 2005.

MIX
Papier aus verantwortungsvollen Quellen
Paper from responsible sources
FSC® C105338

Printed by Books on Demand GmbH, Norderstedt / Germany